荊楚文庫

# 〔道光〕靈泉志

〔清〕湯銘新 湯盤 輯纂

荊楚文庫編纂出版委員會
湖北人民出版社

荊楚文庫

# 〔道光〕靈泉志

DAOGUANG LINGQUANZHI

圖書在版編目（CIP）數據

〔道光〕靈泉志 /（清）湯銘新，（清）湯盤輯纂 .
武漢：湖北人民出版社，2022.12
ISBN 978-7-216-10448-7
Ⅰ. ①道…
Ⅱ. ①湯… ②湯…
Ⅲ. ①山－地方志－武漢－清代
Ⅳ. K928.3
中國版本圖書館 CIP 數據核字（2022）第 092991 號

責任編輯：陳　典
整體設計：范漢成　曾顯惠　思　蒙
美術編輯：董　昀
責任校對：范承勇
責任印製：王鐵兵
出版發行：湖北人民出版社（中國・武漢）
地址：武漢市雄楚大道 268 號
電話：(027)87679656　郵政編碼：430070
録排：武漢鑫偉創圖文設計有限公司
印刷：湖北新華印務有限公司
開本：787mm×1092mm　　1/16
印張：35.25
字數：484 千字
版次：2022 年 12 月第 1 版　2022 年 12 月第 1 次印刷
定價：190.00 元

ISBN 978-7-216-10448-7

組　　長：賀定安　陽海清（執行）

副 組 長：劉傑民（執行）　王　濤　謝春枝　范志毅（執行）

參編人員（以姓氏筆畫爲序）：

王　濤　李云超　宋澤宇　范志毅　馬盛南　陳建勛　梅　琳

張文靜　張雅俐　陽海清　彭余焕　彭筱濛　賀定安　楊　萍

楊愛華　雷　靜　劉傑民　謝春枝

編　　審：周　榮

顧　　問：沈乃文　李國慶　吴　格

# 出版説明

湖北乃九省通衢，北學南學交會融通之地，文明昌盛，歷代文獻豐厚。守望傳統，編纂荆楚文獻，湖北淵源有自。清同治年間設立官書局，以整理鄉邦文獻爲旨趣。光緒年間張之洞督鄂後，以崇文書局推進典籍集成，湖北鄉賢身體力行之，編纂《湖北文徵》，集元明清三代湖北先哲遺作，收兩千七百餘作者文八千餘篇，洋洋六百萬言。盧氏兄弟輯録湖北先賢之作而成《湖北先正遺書》。至當代，武漢多所大學、圖書館在鄉邦典籍整理方面亦多所用力。爲傳承和弘揚優秀傳統文化，湖北省委、省政府决定編纂大型歷史文獻叢書《荆楚文庫》。

《荆楚文庫》以『搶救、保護、整理、出版』湖北文獻爲宗旨，分三編集藏。

甲、文獻編。收録歷代鄂籍人士著述，長期寓居湖北人士著述，省外人士探究湖北著述。包括傳世文獻、出土文獻和民間文獻。

乙、方志編。收録歷代省志、府縣志等。

丙、研究編。收録今人研究評述荆楚人物、史地、風物的學術著作和工具書及圖册。

文獻編、方志編録籍以一九四九年爲下限。

研究編簡體横排，文獻編繁體横排，方志編影印或點校出版。

《荆楚文庫》編纂出版委員會

二〇一五年十一月

# 前言

《〔道光〕靈泉志》三卷，清湯銘新、湯盤輯纂，清抄本。

湯銘新，字聘夫，號半品，清乾隆二十三年（一七五八）出生於湖北江夏縣西徑里長嶺山，自年少時即勵志學業，嘉慶十三年（一八〇八）始中秀才，平生愛讀書，以教書爲業。熱衷修譜建祠等族内事務，注重本地史志和家族文獻的編纂整理。卒於道光五年（一八二五）。湯盤，別号又新，銘新弟。

靈泉山清代屬武昌府江夏縣，今爲武漢市江夏區龍泉山風景區。清代多次纂修《江夏縣志》，均載此山，可知靈泉山漢代名江夏山，唐天寶中始得名靈泉，位於江夏縣東六十里。湯銘新童時曾游靈泉，覽祠廟宏偉，墻院有棱，知此地分封變遷，人物繁盛，又聞有靈泉古志，遍索不得。嘉慶八年（一八〇三）於其弟湯盤處得一《靈泉志》殘本，心念於未全者；又於清道光二年（一八二二）在同鄉傅氏府中見一抄本全本，雖記載完備，惜訛誤頗多，衹可據理揣意。湯氏兄弟遂編輯校正，『所知者則從而正之，甚有疑義莫解者，與弟又新詳考邑乘，旁參存書，幾費精神，乃得確解，間亦竊附己意，爲之評釋』，編成此志。據《湯氏宗譜》所載湯銘新事跡，知湯氏去世前一年其所著文稿已完成，本《靈泉志》主要纂輯於道光二年至道光四年（一八二四）之間。憾原志难觅，今僅存抄本。

該志共三卷，無目録。首卷爲紀、序、記傳、案稿、贊文。紀是指大明紀年、楚藩世次紀各一篇，序共兩篇。記傳、案稿、贊文等爲描繪自然景觀和人文景觀的文稿，先賢贊文，其中《撥换靈泉山事實》等文記録了楚藩與靈泉『八大家』之間的争鬥。中卷爲記、序、論、疏文，收録名門家族譜序、家訓、世系和相關名臣士紳的疏文、言論、記述、書信、賦文等。下卷爲形勢、詩章、匾對，收録描繪樓堂宅院等建筑景觀及名人墓葬的圖片，以及本土士紳的詩詞歌賦、匾額對聯。

是志目前僅見湖北省圖書館藏有抄本。此本有文有圖，各卷行款字體不一，有句讀有批注，中卷《論從祀》有抄謄失誤，後葉補正。二〇一六年，江夏區張高榮先生整理是志，以其主體爲基礎點校，彙入新内容，由武漢出版社出版，題名《新編靈泉志》。

此次據湖北省圖書館藏抄本影印。

（楊愛華）

# 目録

首卷

中卷

# 首卷紀序記傳案稿贊文

# 大明紀年

太祖洪武在位三十一年 元戊申 終戊寅

成祖永樂二十二年 元癸未 終甲辰

宣 宣宗宣德在位十年 元丙午 終乙卯

景泰在位七年 元庚午 終丙子

憲宗成化二十三年 元乙酉 終丁未

武宗正德十六年 元丙寅 終辛巳

穆宗隆慶六年 元丁卯 終壬申

惠宗建文在位四年 元己卯 終壬午

仁宗洪熙一年 乙巳

英宗 亦是英宗之号 正統十四年 元丙辰 終己巳

天順復辟八年 元丁丑 終甲申

孝宗宏治十八年 元戊申 終乙丑

世宗嘉靖四十五年 元壬午 終丙寅

神宗萬歷四十八年 元癸酉 終庚申 ○四十八丙秋 八月個泰昌

光宗泰昌　庚申八月即位九月　殂崩萬歷七月崩

熹宗天啟七年　元辛酉　終丁卯

懷宗崇禎十七年　元戊辰　終甲申

按萬歷四十八年秋七月崩太子常洛秋八月即位國号泰昌主秋九月殂崩在位一月稱光宗貞皇帝皇長由校即位号天啟左光斗以号年庚申八月前為萬歷以八月後為泰昌從之又廷議以明年辛酉為天啟元年

## 楚藩世次紀

明楚昭王楨太祖第六子母妃胡氏以元順帝廿三年三月三日生洪武三年庚戌四月七日授金冊金寶封為楚王是時王方七歲至九年丙辰始之國湖廣之武昌永樂廿二年甲辰春二月薨享國五十四年春秋六十有一世子孟烷嗣是為莊王。莊王洪熙元年乙巳嗣位、正統四年己未薨、享國十五年、春秋五十有八、庶弟一子季堄嗣、是為憲王。憲王正統五年庚申嗣位、八年癸亥薨、在位四年、無子、以二弟季埱嗣、是為康王。康王正統九年甲子嗣位、至天順六年壬午三月薨、在國十九年、亦無子、以三弟季塛之長子均鈋嗣、是為靖王。靖王成化元年乙酉嗣位、至正德五年庚午七月薨、在國四十六年、長子榮㳫嗣、是為端王、。端王正德七年壬申十月王三十六歲、冊命嗣王位、至嘉靖十三年甲午薨、在國二十三年、庶弟一子顯榕嗣、是為愍王、。愍王嘉靖十五年丙申嗣位、至廿四年乙巳春正月十八夜、為世子英燿所弑、在國十年、至嘉靖三十年辛酉春三月，皇上以庶弟二子英㸌嗣，是爲恭王。恭王自嘉靖三十年嗣位，至隆慶六年壬申薨，在國二十二年。世子華奎嗣。華奎自萬歷元年癸酉嗣位，至崇禎十七年癸未五月三十日，獻逆陷武昌，昇王至，時王已老，瞋目而叱之，獻逆怒，令以竹兜載之，投於江水，爲沸開者數尺。在國七十一年，先是楚宗華越具奏王非恭王子、類莒滅鄫、楚紳給諫叚然亦疏論之、而四明沈一貫首相主其事、得不竟、大宗伯郭正域、以是忤四明、勒令歸、勘至今語猶嘖嘖、世子漢陽王蘊鑨、先王卒、未及於難、餘子俱罹献逆之禍、此楚藩諸王始末、因備書焉、俟觀志者知之、不昧先後之次、湯又新大受氏、

# 靈泉誌叙

余童時、曾到外祖家劉氏。（列住與靈泉山一水之隔）與秀嶺松公、郁林桂公渡三汊。（巷名）遊靈泉。見其祠。榱桷崇窿。墻院鋒鍔。則曰此楚藩祠也。旋陟祠後。指其墓則曰此楚昭王寢。溯其始。云漢高（祖）所封武陽侯樊噲墓。楚營昭寢。掘噲塚、遷遺骸於東而埋之。見其寺。法相莊嚴。海島參差。聖跡仙靈。别有洞天。則曰此靈泉寺。始屬唐舍人（舍人官名）李暄第宅。暄一日夢神告曰。此佛地。汝不可居。因語弟洞。詎洞久戀空門。遂棄官削髮以居之。（洞官長沙太守）為開山始僧。憶爾時與諸表觀覽。不過耳而目之。並無今昔盛衰之感。至山内八家。亭臺樓閣諸名勝。被楚藩毀盡。渺焉無存。余亦茫然莫議（識）其處。後聞有靈泉古誌。所以存人物之盛。宅第之美。徧索未得。仲弟又新、於嘉慶癸亥歲、得其書。亦殘而不全。心焉憶之。鬱而未遂者久矣。時道光二年、歲次壬午、余館於傅氏學府。聞伊家抄藏靈泉誌一部。因索觀焉。自漢唐而宋、而元而明。凡湖山景色。人物儀容。與夫風俗教化之美。詩詞歌賦之學。往來贈答之章。無不備載。奈字多錯訛。亥豕莫辨。余揣以意。斷以理。所知者、則從而正之。甚有疑義莫解者。與弟又新、詳攷邑乘。旁參存書。楚会存書、湘東源述知。所紀存齊末以前事、幾費精神。乃得確解。間亦竊附已意。為之評釋。俾後之攷古者。亦可按圖索跡。因跡識人。曰此某宅第處也。此某樓閣處也。此某坟墓處也。此某碑坊處也。跡象。非。舊。故址。可。稽。獨惜山内外仕宦家被楚藩驅逐後。子若孫終未有尋祖攷宗。令前之忠臣孝子。文人學士。節烈隱逸。相與並傳。以為此某之幾世祖。此某之幾世孫。源遠流長。先後相承。為攷古者所深幸。豈不大可慨哉。錄誌成。叙之以誌今昔興感之由。而嘆天道人事之莫可誰訴也。因吟以遺其懷。詞曰：

盛衰各有時。遷變不可知。古今無定局。聚散任驅馳。

將相公卿位。忠孝節烈祠。人情懷報復。天道力難知。
寄語藩楚者。堪笑愚與癡。長嶺山麓老人、湯銘新、半
品氏序、

# 靈泉序

縣東六十里。有山自西來。雙峯對峙。是為夾山。漢名江夏山。唐天寶中、更名靈泉。蓋自漢樊噲、及唐李道宗、封王於此。延及宋元。人文蔚起。而莫盛於有明。孰知莫盛於明者。亦即莫衰於明也。考洪武三年庚戌、冊封諸王、以楨王楚。先元順帝二十四年甲辰、太祖兵破湖廣、駐節梅亭山。山在縣南五里在使報皇子生。上悅。問左右曰。此何地。曰楚地。曰他、日、以、此、子、王、楚。指黃龍寺塔為殿基。未逾月。寺焚。及後即位。封諸子以王。以楨王齊。寶三鑄不成。上曰、我昔破湖廣、駐梅亭、曾云以此子王楚。寶成。遣方士賫御製祝文。祭告武昌封内山川。今有封建亭云。按甲辰至庚戌年、王方七歲。

丙辰洪武九年楨年十三歲

後丙辰來楚。王獵於九峯。見山勢崇隆。欲預為佳城計。奪而棄之。嗣是有術士傳仙子。指靈泉為大地。因心圖之。歷昭、莊、憲、康、四王。皆未營葬。及宏治十二年己未。竟為靖王所奪。再傳而至愍王。凶暴尤甚。將內山八名家。外山四十八戶。碑坊。廟寢。竄逐。毀掘。而諸勝地遂蕩然無餘。矣。豈知天運、循環。無往、不、復。嘉靖

武岡王愍王之三弟

九年庚寅、被進士張烈黨等叩閽。杖斃楚府三人。始結案。已而愍王得心恙。眇（諱顯槐）一目。於嘉靖廿四年乙巳春正月上元夜。王與武崗（岡）王飲。為子英燿爭幸童所弒。恭王繼立。遂爾絕嗣。而王之預謀風水。果安在哉。曾幾何。時。闖逆焚其廟。宇。屯兵掘其寢。室。（只昭寢得全、其餘俱掘、）而殘碑斷。碣。碎尾頹。垣。出沒於豐林茂草。間。則向之所謂九寢者亦蕩然無餘矣使王而有知九原之下當亦自悔其過計也夫以漢唐千百年精靈之氣所鬱積而成者忽傾敗於楚愍一人之手勿論山內外之忠臣孝子文人學士隱逸節烈凄然遽斬無復斷繼起即後之遊覽者按其山川攷其圖蹟知必於蒼茫莽剥落中為之心擬腹謗誹漢然徒見山高而水清悲夫

此一段係參ノ叙之文

敘多錯訛余參攷明紀畧爲參敘文更曉暢而報復循環之理一覽便知

湯欽冬記

# 江夏山記

明正統丁卯舉人任縣令　孫熙

江夏山、去縣東六十里。兩山排列。一水平湖。儼然萬綠蒼深處。也。廣延可十里許。無衡霍之雄、巍然作鎮。無方城之險、昂然壯觀。其不、誌、也、亦宜。玆江夏一郡。自洪武開武昌道。始為羣邑之首。則山之得名。從乎郡也。夫即從乎郡。則郡之號為山者、亦纍纍矣。胡此山獨冠以江夏二字。是必有說存焉。余卒不自解。豈爲羣邑領袖耶。亦（抑）爲江夏首望耶。訪之故老。謂此山爲武陽侯樊噲所封地。家世居此。故冠以江夏。猶之鄂城、冠以樊山云。此其說似矣。噫。是山之秀。吴塘繞其北。梁湖繞其南。登高望遠。林木陰翳。煙火萬家。足以抒壯懷而供眺賞。由宋溯唐、惟有歷年。由晉溯漢、惟有歷年遐稽往躅。以至今日。其為侯王將相之所鍾。靈。農夫野老之所棲。息。以及鄉紳先生之所遨遊而流。連。牧童樵叟之所謳歌而上下。者。俱於是乎。在。勿謂非名山而不為之誌。余故為之記。

前考山所由名擬仿參談論山之形象雅俗共賞

直起直收並無一字假借此記中樸實文字也

湯欽冬米昂氏記

# 靈泉山記

明洪武探花吏部尚書 張添祐 仁一

山自西來。逶迤數十里。起一奇峰。為諸山之祖。名為豐禾山。里人報賽處也。豐禾山脉三支，一支過峽分兩山夾行，勢以雙龍坐，與山络靈泉寺等處，一支奔往眉城，一支奔往九峯山。由豐禾而馬峽。而過峽。呀以名兩山排列。起伏不一。至馬鞍谷口。而復起。獨峯狀如筆格。今江口研太子筆格即是筆格之左。有泉清冽。傳為蛟龍之壑。壑地廣十畝，洪武九年龍起，水湧高數尺獨峯而東。亘橫數里。曰龍帳。

今興龍庵曰寶蓋。今圓通寺迹鄭璧住基即左山孙宋狀元鄭獬之故宅也曰父子嶺。漢樊英父子墓在焉兩山遙對。南為金堂。北為玉屏。山形如屏今呼牛腦頭是也山勢盤環有如帶者焉。或呼為蜂房。今誥軸等山是有如盤者焉。或呼為水阿。今天馬等處祖堪輿者珍之。若夫前誥軸。後天馬。兩相朝對右秋風而左春露。都二亭則有先人之敝廬存焉。自花山花山山阿有紫荊高數尺開時最艷山翟敬如神接軫而北馳也。山相連而行如牽之相接而馳如龍卧。如虎伏。如鳳舞鸞翔者。則靈泉古寺是也。環靈泉而居者。若陳樊之桂園。樊時中種紅白二種三十株鄒董之菊圃。董氏菊凡有紅黄白惟卲彥卿墨菊最幽潘鄭之桃院。鄭璧潘紳之桃白不勝覽紅不勝採永和之陂塘橫柳。曾氏塘棟柳其低垂煙時亮之幽崖棲竹。李氏之竹浮自異域中美之旋紋古柏。張小柏高九丈細紋鐫鑄皆足擅名。而余之北園。惟背倚青山。面臨湖水。構齋諸峯之下。與沈子道徧道紀道宗皆筍之子日夕讀書。聞午夜鐘聲。觀山頭曉霧而已。祐家世澗谷間。抑又何樂。一樂夫林壑之幽。尤樂夫四時在鳥聲中。與諸君子共居此地。共樂此樂。幸無貽山林羞。故不可以不誌。

## 靈泉記

唐乾寧元年宰相　李磎字景望，沉其子也

乾寧係下唐昭宗國號，在位十七年，放弑。子哀皇帝居位四年，禅位於朱溫。

泉以靈名。非有蛟龍之興處。而後為靈也。茲泉之靈。以山能興雲雨。致風雷。而始名為靈耳。凡泉皆有源。有源必有流。而後清濁攸分焉。斯泉無源亦無流。無清亦無濁。其色碧。綠。其味甘。美。烹茗。香。浣衣。潔。洗目明。濯膚澤。不與凡水類。其靈也如。是。漢末有桃仙者。善卜地。尋龍至此。見兩岸如門。環似鋒鍔。有二巨石。似獅獸狀。泉湧然在盤阿。中。桃曰。此靈泉也。不可。鑿。鑿則雷雨至。矣。迨天寶（唐明皇号）末。余家命匠人鑿房屋。基雷雨大。作。工半載。室乃成。泉從石脊中。流出。如液。乃知靈氣損矣。於是引泉於除，宛然一池，雖旱不涸，天陰有雲霧覆其上。始信桃仙之言為不謬云。時唐乾寧元年，宰相李磎記於白雲阿亭。

中宗信術士鄭普思、葉靜能，邕上疏曰：若有神仙能令人不死，則秦

## 靈泉寺序

鄉進士　沈世昌

靈泉寺開創者誰？唐釋曉然也。曉然俗姓李，名洞，為長沙太守，創嶽麓書院者是也。曉然胡為乎為僧？因父

皇漢武門之英佛教為人福利與果報帝門之英光并所以為帝王也亦待人事定之手然此屬何禅于国不所

邕守太和、為北海太守。清廉慈雲（愛）士沐其教。民感其恩。且善書有名。唐明皇屢欲大用之。無何習氣未除。

林甫于開元廿二年甲戌為相天寶六年丁亥殺邕北海進代死之恭按唐作八載之誤

自以耆舊未除。意怏怏。李林甫惡其負才使氣。欲因事除之。別遣羅希奭、按邕與裴敦復、皆（秋）殺之。竟夷其家。

唐史所列林甫書之

洞與胞兄暄、遷居靈泉。後以宅為寺。洞遂削髮禮佛。得孟百嵒、張古峯、二人為徒。傳其衣鉢。遂遊天台

名觀漢季子孟宗之後

名融唐明皇朝諫宦後之後

山。踰數十年有（楚）人在武陵遇之問曰子非曉然乎。答曰然。為語百嵓古峯過三年。來天台會我。遂躍然而去。其人見在雲霧中行。云。

## 靈泉寺記

洪武己卯科舉人　李元善

靈泉寺者、唐舍人（官名）李暄之遺址也。舍人父太和、為北海太守。（因號北海）士民德之。元宗（明皇）欲大用之。李杜（林）甫忌之。（時元宗姑相）矯天子詔以殺之。竟夷其家。（旧居洪山今廢爲保淨寺）舍人移居夾山。築室於靈泉。有脩然遠引之志。因名其居爲自在。阿。（即今灵泉寺基）乾元中、夜夢至人告曰。汝居佛地。後將不利。子曷易之。舍人以語弟洞。洞曰。吾久欲入空門。盍以此爲修省地。舍人使居之。洞曰。吾但得一佳僧可以超然脫去。遂有百嵗、古峯者。二人慕而過訪。兩目窅然。

聲響林谷。洞見而異之。曰。予形容古怪。真山林中人。汝可著吾袈裟。穿吾芒履。肩頭擔清泉。爐中燒赤火。暇時坐吾間閒亭。好來聽松風聲。可以洗滌俗腸。別自有見地。耳而所謂曉然。者則不知所往矣。宰相李唐昭宗時為相景望。名磎栻之子栻之誤也繪曉像於亭。鐫詩句於石壁間。宋淳熙時。李定遠。修葺其故宇。凡景望所修十八羅漢。皆丹青

栎邑主磎乃廓之孫栻之子此注大誤乃廓乃[illegible]王子邕之孫善之

曾孫方洵則都之拜文

而煥妙之。因題曰：靈泉古寺。云元賢張賓王、字養浩復買樊山、以為藩籬，而四羅維在山色中央矣。予攷曉然者，唐詩僧也。其解悟半出於詩書。讀其詠句紀序，學士大夫、每流連而嘆息之。洪武吏部張添祐、續絶句於間閒亭，則曉然之著作可想矣。

# 靈泉山記

明景泰庚午舉人　樊鏞

靈泉四圍皆山。蒼松古柏。行雲流水。四時有長夏之景。余未遑寫其勝概焉。自漢以來。人物尚稀。至唐而漸盛。至元而極盛。唐時古市在山外。居聚致貨。民往往利之。宋時還市於內。約有數百户。至元時則蔚然一都會矣。未幾爲徐壽輝劉福通二賊所洗。一片荒墟在望。人物俱盡。國朝洪武初時。張沈鄒李、復起為集。五十餘年。（自洪武元年至永樂末年凡五十七年）比宋元更有加焉。今上徵市之法。歲不過錢。（上中下三市、上市徵綿、中市徵貨、下市徵皮子臘斤）民力寬然有餘。而絕口不言貧。市中人、大抵多秉禮義。而少起爭訟。歲時伏臘。具酒漿。讀法律。咸遵約束。是以處華不奢。入紛不亂。而一二淳龐之風。和樂之氣。浸於人心。徵於里左。猶有先王遺民焉。故可嘉而可美。可述而可誌也。

靈泉前六景前賢題

含山樓　瑞芝堂　春露亭　秋風亭　尋樂齋

聽松閣

靈泉後六景後賢附

紫蕚園　蓮花池　臥雲館　靈泉寺　嶺頭松

山溪水

元宰相　沈如筠字疊 号閒平

# 含山樓

張芸叟所搆避亂至於此尽有灵泉之地樓在天馬峰下

含山樓者。張處士所營也。樓成於宋建炎二年。環廬萬點秀嶂。遶户一泓碧水。修竹茂、林。遍滿其地。處士因家焉。元至大間、先生益加修理。搆堂而奠先靈嚮。然處士之廬。也。筠自屏擲以來。作舍數椽。附於其右。得以高枕卬、園。逃名世外。耕稼以輸王稅。採樵以供微軀此外復何計哉。頃者六花飄空。着樹粧玉。恍然瓊瑤世界矣。余雖不能往灞橋尋梅、竊效袁安杜門而已。適鄒李二生、折梅一枝。携酒一壺。踏雪而來。急召先生同飲。登樓一望。見風捲長空。如春江潮雨之聲。倏忽間。名山皆已皓首。惟峰頭蒼松。鬱鬱然含青色焉。先生喟然嘆曰。人生暮景。諒如是乎。余遂欣然為之記。

寄托遥深地位優高讀者感慨之矣 沈鍾灵

合山樓 亦張芸叟建在靈泉山天馬峯下其為壯觀

元末燬明初張鶴山吏部重建左右亭二曰春霞曰秋風

前為張氏宅後毀樓之蕩為壯觀

## 瑞芝堂

楚之藩改爲經堂菴即李沆萬卷書樓

元宰相　沈如錡

洪武元年四月、十有三日、先生（老友稱先生是前輩好處）來叩我柴扉。左持杖。右執盞。余携手過前溪。至瑞芝堂。松風吹鬢蘿日依。人。呼童子烹茶。先生執黃庭一卷。說劍（談）調元。真可以調聖賢之。心。洗巢由之。耳。極不作空門了悟浮說已。也。日暮相與披明月而。歸。

淡霧愈佳襟懷此見古人游不廣學此一味蓋浪比比 張鍾炅

萬卷書樓在靈泉山東語軸峯下唐伯李璜子名沆字濟東於前後

才一日名沆出與弟沆于澥之稱出資數萬金購求秘書遠商輻輳

為樓以貯之天下稱李氏書樓中產芝顏曰瑞芝堂而李氏後裔

騃狀佗之曾孫珍施以藏寢處為經畬堂

# 春露亭

張孝廉所構在含山樓左

元宰相　沈如筠

六月夏蟬噪林。春露亭前池蓮競。放香風入座。張子添祐、侍立其旁。先生（張誠祐父）命賦詩。詩成。頗洗盡俗態。有超然塵外之想。命鼓琴。蕭琴雅淡。鏗鏗然真太古之遺響也。彈罷之餘。頓覺暑氣消。而衣裾間融融帶翠色矣。

大有薰風解慍氣象未向蓮花生色　張鍾炅

秋風亭 沈公自構在今山樓右

元宰相 沈如筠

時維九月。白雁催。秋拂層雲而競。響黃花應。節。骨〔冒〕九日以重。開。余見兩崖青松。一溪流水。無時不在目前。凭欄縱。觀。宛然輞川一畫圖也。余與先生。朝而玩山。水夕而聽。泉。徜徉以樂、餘。生。相與終、此亭。也。

文有千轉萬折細玩之一氣呵成當此艸境獨自領取 張聽夫

## 聽松閣 在靈泉寺觀音閣左

元宰相 沈如筠

詰旦宿雨初晴。三峯翠色如染。余與先生誠偕童子五六。携小榼。踏芳坰。以細草作茵褥。湖水供清茗。鳥聲比管絃。花枝當酒籌。樂哉是遊。何減蘭亭哉。回顧白雲深處有寺存焉。靈泉寺攀卧石而上。鶯梭如織。松濤若鶩。余聽之悠然。羣席地而坐。漸覺桑柘影斜。村社

將罷已而呼童子履山椒望豐和遙瞻秀色插天霞光照人顏色至聽松閣休焉

山巔曰椒靈泉有白雲河

連上文一氣讀高絕古今之文章嵐光流爲人雅士那得領會

沈鍾录

誠協寫

# 尋樂齋

張誠書房吏部漆沭祐少時讀書處
齋址係李園宗紫學園旧基

允寧相　沈如筠

簡齋張先生築書齋於靈泉之北。題其亭曰精一軒。軒前、松柏交蔭。泉流清冽。怪石挺立。塵飛不到。余時往來亭中。地廠湖濶。可以開人襟胸。心踈吾老眼。聞書聲朗朗。如出金石。則張子漆祐也。蓋已瀟然神。爽。恬然氣靜。矣。軒後、曰花萼園。園有舘、曰臥雲。蓋

在涼馬房前。
遺跡可考。

取東山高臥之意也。時維中和令節，花香柳色，鬪弄煙景。而啼鳥且嚶嚶然調笙簧。聲。余與先生、坐列其下。嚼樹間雀。舌。（茶名）聽枝頭鳥。舞。此樂何。極。因更其名曰。尋樂齋。云。（此齋係張誠讀書處，今為憲寢）

眼前所見皆成異境，趣甚

張鍾录

# 萬卷書樓記

明洪武狀元　曾泰

書者所以藏百代之遺文，而見古人之著作於今日。不獨歌詠古人之飲食嗜好話言而已也。昔者秦人焚書而書已亡，後世儒者欲求詳帝王之制度，考論聖賢之精微，未嘗不抱經而興悲也。唐之李沉（景望之子，栻之孫），祖孫父子世傳名師，挾家資數十萬金，搜求秘書，使

沉於唐乾道初構書齋以藏書

四海商賈。不憚千里之勞。買奇書以售厚利。而天下秘書俱出於李氏之門。然李氏不敢自私。盡付梓人。以公天下。所謂古今奇賞。天下巨觀。莫富於李氏之。書。自李氏書出。而天下學山學海者。咸如是焉取讀。則書之賴以不朽者。皆李氏之功也。嗟乎。况往矣。而書樓尚存。天下賢人君子。猶至今稱李氏書不衰。今李公子孫。欲世其乃祖乃父之業。將鑿石以為萬年記。余願拜手昌言以賀其成。是余之志也夫。是余之幸也夫。

政邑誌，鄰條瑄之子，邕之孫，鄰長子在，次子拭，拭生璞。唐宣宗大中末進士，昭宗素重璞，後召為門中書門下平章事，謚曰文。璞好學，家有萬卷書樓，世號李氏書樓。子沆（沆書衍）字東濟，頗負俊才，後遇害。沆乃沆字之訛，沆字曰東濟可也。

宣宗傳長子懿宗，在位十四年，改元咸通。懿宗傳廿子僖宗，在位十五年，改元五：乾符二廣明三中和四光啟五文德。僖宗傳弟昭宗，在位十六年，改元七：龍紀二大順三景福四乾寧五光化六天復七天祐。昭宗傳子哀帝，而禪于梁太祖朱溫。

## 靈泉鄉賢祠序

楊繼本 祠基土名朱楊壟 副使洪武癸酉舉人

古來有功德於民者。國史書之。廟祀享之。用以誌不朽也。他若學問足以師世。道德足以維風者。皆載之祀典而不廢。靈泉之有鄉賢祠也。自漢唐始。今其祠棟椽瓦解矣。鄉先生曾公、張公睹斯祠之朽蠹。爰命工師。採取良材。煥妙而飭修之。工竣。聚一鄉之父老子弟以落其成。且告之曰。某其國之名臣也。某其邑之鴻儒也。某其里之仁人孝子。某其鄉之烈女節婦也。皆國史所不及載。廟祀所不及享者。吾與里中諸君子同祀。皆本前人激濁揚清之微意。以為吾鄉礪頑磨鈍之善術。吾亦曰古之道耳。盍於鄉賢有溢美耶。衆皆舉酒以為二公觴。公謝之。嗟夫。時至今日。人往風微。而猶存古道於一鄉。則庶幾古人於未泯也。詩有云。（本文文山正氣歌）風簷展書讀。古道照顏色。其斯之謂與。諸公囑余以記之。同人朱鑑、沈詩、言於旁曰。此吾鄉之節義文章也。直可以爲天下後世風焉。

# 鄉賢祠書

永梁甲申進士官通政司　董禮辜皐後

古者朝廷舉賢之謂徵。郡國薦賢之謂辟。無以舉之莫或薦也。無以薦之。莫或舉也。明興。聖天子重崇儒重道。求賢若渴。洪武五年、歲次壬子遣御史大夫、降詔、書於廷。曰。朕聞賢者、治天下之本也。才者、安天下之具也。念世經離亂。賢才伏處。山巔水湄之區。多隱逸焉。朕恨不罄知也。昔年康茂才、薦江夏賢士三人。曰：韋臯、曾泰、張誠，高卧靈泉，恥食元祿。志節可高，朕書於闈閭。歷經春秋數載。想其人皆皓首焉。汝御史張育，載厚幣以聘，務令安車就道，來遊於廷。如果才堪重任，社稷之庥，蒼生之福也。朕將虛左以待。由是觀之，聖天子求賢如此，其殷也；賢士抱節如此，其偉也；天下文明如此，其光也。用是敬書於庭，以對揚我天子休命。

## 張忠文祠

公諱叔夜祠在朝陽坡上即蚶猴之麓

狀元　曾泰

天下才能之士，可以任事；公忠之臣，可以托國；節義之臣，可以共難。若忠文公張叔夜者，大宋一社稷臣也。當國家多難之秋，惟公奮不顧身，以捍社稷。雖張浚、劉錡之才能，李綱、宗澤之公忠，世忠、世傑之節義，無有居其右者。蓋忠文之才節，在朝廷則朝廷安，在邊疆。則邊疆寧。跡、其禦遼金於居庸。摧金入於潼關。破宋江於梁山。擒李通於海門。斯其功豈出武穆岳鄂下。哉。無如天運方忠終。宋室不造。而公之父子兄弟同死國難。其孤忠亮節。堪與天地同流。日月爭光也。泰敬仰高風。而見公之精爽。無在不著。公之節義。無一不備。高宗所以稱為社稷臣。而晦菴朱文公所以許為第一人。也。

# 地理閒評

鄉進士　沈世昌

江夏名山。盡於九峰之獅子山。唐李邕、李暄、諸墓在其上。儼然天地居尊之象也。楚藩平之以為寺。移其塚於盤龍山。李氏因以衰焉。黃柏山下、俗傳有漢黃琬之墓在焉。我觀、靈、泉。端愍傷之。故家大族。後將衰矣。張公　誠之駱駝卸室寶。實自天葬非人為也。（識以石穴為天葬　楚府亮打鑿之穴）羅（雷雨發　日乃止）山之灣。俗謂（骨也）七星朝斗。（在天泉山外　大留之墓在）余先入所以蔽風雨也。沈宗武、埋玉於此。誤矣。前去為趙池。即晉陶侃之連珠宿草也。其南山北向。則唐相李景望之落雁投湖也。（今胡住宅後）龍塘山間（今就塘灣）宋張元載之錦鯉化龍。瞻之在前。忽焉在後。（言就變化）喜雀林中。明李元善之碧梧棲鳳。如在其左。如在其右。（宋情難定）徑途中幹分枝。如孟宗之漁翁晒網。（漢孟宗有石碑）杜塗之先人捧桃。（二墓徑途）雖水鎖南塘。而真宰無靈。縱有石礫佳城。（子昂）亦徒然耳。再查西南之形勢。梁湖亦稱大觀矣。趙松雪空有玉梭之虛名。沈宗文竟無金釵之實跡。而張百谷（湖名）之蘆花飛絮。（在馬利寺野雞嘴）僅有可既者馬畧就所見以為攷古者之一證矣。

## 白雲阿亭 靈泉寺基一名自在阿 一名白雲阿

給事中洪武庚午舉人 李時亮 剛溪之子

太虛之中，舒卷無心者雲也。雲之變化，其為雨乎？為龍乎？俱不可知。靈泉山阿中有窩焉，常出白雲，雲見於天，則龍騰如上，雷鳴於空，而雨散於郊。是雲者，山川之氣，造化之迹，而未有定在也。其來也，吾不知其來；其去也，吾不知其去。其去來無定，以消歸於無何有之鄉者，仍然太虛之無心焉而已矣。吾因作亭以名之。

## 問月軒

張輅 祭酒宏治甲子舉人

靈泉山勢盤旋。煙雲萬丈。湖中有月。嶺頭有松。門栽千柯竹。水蓄一池魚。春種百畝田。秋飲黃花酒。時與一二知己。或談典故。或講時務。或登山玩水。以適性情。既無俗客。又少喧塵。亭中微吟。樓上高歌。題其室為自在居。為安樂窩。

# 閒閒亭記

吏部　張添祐

宇宙之境，皆勞人之境也。擾擾塵寰之中，無一閒地，無一閒人。其不得以閒閒名也，審矣。惟山林泉石之景，車馬所不至，寵辱所不驚。士處其間，逍遙於岩穴之中，出没於萬峰之巔，覺天地皆動，而吾心自靜；萬物皆勞，而吾心自逸。俯仰之間，俗情悉捐。風月可玩弄也，煙霞可嘯傲也，行雲流水可排遣也，翠柏蒼松可坐卧也。吾亭之以閒閒名也，庶幾足以近是云。

閒閒亭

僧如曉（俗名李洞長，汴太守後為僧）

余幼寄山谷間。窓有竹。門有松。砌有閑花。庭有怪石。墻角有梅。籬邊有菊。中有蒲團。旁有瓦燈。行則隨行。卧則隨卧。額之曰閒閒亭。更歌之曰。祇有。白。雲。閒。不。得時時。出。沒。萬。峰。頭。

# 含山樓記

五經博士　張郁

楚有衡嶽。控九華雷山而几席之。即覽瀟湘洞庭而瀦藏之。其含乎名山大川者。不知幾千里矣。靈泉一山。為三楚之首。望據鄂城之雄。風漢誌以江夏山名之。彼有取爾也。至唐而有夾山之名。謂兩山對峙而二水夾流也。宋世南競先入隱居此地。仙師賴公謂宜建高樓以應旺氣。張芸叟公乃鑿石以為基。採杞楠以為棟。上植飛檻。下疏雲池。高不過五丈。氣可含萬象。宋人稱為一邑之衡霍也。余嘗升高峯以望之。而見洋洋乎滙於東、南者。梁樊諸湖也。且見巍巍然列於西、北者。馬觀諸峯也。而兩山夾水以盤踞其中者。則靈泉之含山樓也。蓋斯樓也。春宜吹笙。以鼓萌動。夏宜撫琴。以宣幽滯。秋宜讀書。吞天香也。冬宜講易。見天心也。宋元之文人學士。往往流連歌詠於其上焉。然則斯樓之所含者。非獨含乎煙雲竹樹之景。而直含乎古今山川之秀也。觀風攬勝者。倘亦有樂取於斯也夫。

# 黃公鄉誌

張　璞中美（太僕寺卿宏治乙丑進士）

西南九十里。有地名黃公鄉。（今太平里）是黃公者。吾不知其何時人。亦不辨其名字。而後世僅以鄉傳也。亦可慨矣。余居京師十餘年、讀漢室名臣傳。見黃瓊自敘年譜。並其里居。而知黃公之居在江夏之五谷嶺也。又考漢唐古誌。瓊墓在青石邑。瓊祖墓在黃陵山之東南。今考其地。只有五谷城。無所謂居之嶺矣。或曰、宋岳飛、駐兵於此。亦無容深辨。然觀其寨門城壘。如五花陣圖。噫。曾是仕宦也。而有此居耶。余至青石店。見通衢往來。無所謂邑也。想驛刻為邑。殆字之訛耶。及訪黃公墓。其農夫野人。無一知者。後之人、其孰從而見之耶。徐行。至仙人山。（在泗東里）遇一老。叟。坐一獨石。（沒名仙人石）龐眉皓首。問其年、九十餘矣。余詢之。老叟曰。今之五谷城即黃公鄉。也。今之蔡氏庄。即黃公墓。也。語畢。儵然一揖而去。

老叟必有所據、惜不知其姓字、一言而決、千古遂有定論。

老叟乃異人也神人也璞山之幸亦孩地北之幸

湍半石識

# 夾山記

聶炳（元泰定進士洪武初以人才荐）

夾山枕高崗。南濱大湖（即大山湖）。東流九十里而注江（長港九十里至于樊口）。此一方之大勢然也。余與劉子惟謙登豐禾（山名）之嶺西巔。望六老（山名）諸峯（即李子大桃）如旗幟之飄搖而來焉。其西南有山曰錦繡。唐隱士多植桃李於此。劉子注目南望。見遠山在雲表。中不禁喟然嘆曰。子知山外之山。水外之水無一不遙為之招乎。復下山。至鷲耳（山名）道經龍塘。攜手至靈泉山下。行六七里。皆蒼松翠柏。亂鶯啼樹。浮雲樓臺。往來行人。半在濃陰疎影之中。步至層（横）龍嶺。見有層樓凌霄。是誰氏之里居也。清響遏雲。是誰氏之絃歌也。書聲不息。是誰氏之誦讀也。余且行且止。劉子過亭而吟。入閣而賦。每徬徨不忍去。暮宿於尋樂齋。夜半聞疎鐘遠引。清風送香。仰見銀河似別有一洞天也。是月中秋。復與劉子躡駱駝山。攀危岩而上。四顧雲山。蒼蒼茫茫。可極目而得也。俯瞰其下。萬家煙火。比户可封。真不愧為君子鄉云。劉子曰。子盍誌

友人田大圭。為余留題於夾山草堂。田大圭洪武初以人才舉縣丞

無限深情妙假人以傳之亦記序中別致　湯半品謝

## 寶善堂記

堂在夾山馮世璐建

司徒　馮式　字程奕　子京

江夏古為鄂渚。南通瀟湘。西連巴蜀。山川之所會匯合。莫盛於江漢。風水之所蘊釀。莫隆於衡嶽。奇人傑士之所居止。莫著於靈泉。自世塘公修祠於鄂城而棲隱於夾山。傳三百餘年。世稱望族。至宋皇太宗朝。祖考觀公。積德行善。愛讀詩書。樂觀親漁樵。宅前有湖梁

堤蓄魚。因名其池、為馮家灘（海同）先君子商公。家號素封。而積德愈廣。與靈泉諸名公為交遊。其學問德行。優於鄉邦。母年五旬。生式於外祖張公琴樓之宅（側）。式之獲雋。蓋以此也。式弱冠、博邑庠、以明經選進士。授著作郎。年逾五旬。艱於嗣息。余心憂之。有紫衣道人相曰。君三世有大德。當產偉人。以光門閭。明歲槐花開。玉虛仙子來。言訖。不見。明年生京。魁光滿庭。吾鄉薦紳先生。慶賀於門。僉曰積善之家。他日當大魁天下。

為三楚葥望。式也敢弗拜納嘉言以書於寶善堂中。

# 靈泉祖廟傳文

明洪武翰林院 張誠

先人張耆。輔相宋皇（仁宗）。勛名道德。著於汴梁。熙熹聯第。翰苑文章。叔夜報國。節義無雙。伯奮仲熊。同刎邊疆。狀元張棟。抗節咸陽。（棟為咸陽太守引兵赴汴梁遇金兵於太白山下不屈而死）太白之顛。精魄洋洋。兩蒙聖賜。忠孝流芳。藐爾小子。（舜氏字芸叟，棟之子）逃竄荊襄。（年十二歲）底於江夏。剪草為房。締造經營。艱苦備嘗。以迄於今。（舜氏二子長文炳次文潛）卜世其昌。大元喪亂。起兵蘄黃。普勝活旅。德我賓王。（張養浩）（養浩字希孟元文宗時宰相）

送之饒州餘干（縣名）凄涼。復走德興。依于瓦崗（地名）。一家百口。採薇作湯。吳山楚水。風景堪傷。維我神祖。顯聖得糧。（救夜顯聖）十有五載。蹇阨非常。洪武定鼎。安揷故鄉。西宅江夏東壟武昌。我來靈泉。白骨滿塲。清風明月。入户穿堂。野菜和羹。收聚一方。嗟嗟萬杯。遍埋山荒。聖明在（有）道。樂賡陶唐。徵車入里。（洪武五年張詠被聘）丹桂飄香。半生辛苦。付於彼蒼。維汝子孫。念哉弗忘。

按張壽活以六百金活郛壽勝父子之命勝廣濟人元末兵亂張事徐壽輝授為偽友諒明勝以吳明軍全家活百口之命故送之饒州安置從與當年實五六百金積善之報也

# 遊樊湖記

樊時中（洪武甲子舉人　巡江道）

余泛舟於樊湖之浦。落霞棲於天半。晩煙籠於水面。須臾清風自南而來。因泊舟於梁子石間。夜半步至亭堂。弔東（姓張）山之墓。（名爾若　宋隱士）未嘗不欷歔以長嘆也。余見漁燈野火。達於遠岸。四顧無人。惟聞林間鳥雀聲而已。次日、過高塘。見遠山含翠。如取諸寄。殘覺宇宙間有此。山。偏宜此水也。復掉舟北行。夜泊於磨刀機下。問當年李孟宗（宋神童　江夏人）石壁題詩。處。已漠然不可復識。矣。翌日、舟經南北蓮（二蓮山名）至沙河徑問馮公居書室（京子孫仕居此）逾三山抵觀音岩（在湖中）石壁插天（今名石筆山）彷彿摩詰一畫圖也又次日移舟至大乘菴遇吳質（名士）於蒼松下盤桓數日有勝於山水之樂焉是日舟至潼山張子添衲（灵泉才子）李子時亮（洪武舉人官給事中）烹鮮飲酒賦詩於其上詩成鑿石有聲然後知此山之空虛也已而夕陽在山漁歌唱晚於是風帆遠引舟次南塘載明月而歸望靈泉山色隱隱在古木蒼烟中云

遊玩之際歷訪古今遺蹟寄懷良深又遇文人才士把盞分韵覺一時清風明月漁歌焉聲增我許多佳趣也　湯聿昌誌

# 寶峯寺義田誌

何烋（明宏治辛酉舉人　正德辛未進士　即杜宗路後）

楚地多名大川。而閒氣所聚。恆鍾為異人。靈泉一山。已見昔年衣冠人物之盛矣。今也名賢不再。風流歇絕。烋也僻居湖山。抱琴書以自娛。恨良友之無多。抑又自悲矣。豐山鄒子繼魯。（楚府儀賓）李子仲文。張子廷學。（僕邑庠生）皆博學能文。故名家子弟也。余忝莫逆。連燈於寶峯寺者數年。時春明月星輝。忽見野燐如炬。化為白虹。冷然寒氣之逼人也。余疑其為光怪也而詫（丑亞切）之。鄒子曰。此王將軍飛身之處。（靈泉李道宗飛金身于此）唐人修祠以祀之。余益疑焉。鄒子曰。生而爲英。死而爲靈。又何必疑哉。聞唐乾寧初。才人李沉（景望之子）構書齋於祠左。啟南窗以舒嘯。開東戶以吞湖。故今傳爲沉子灘云。五代李火於兵。王氏子孫。掘井得石碑。上鐫寶峯山齋。宋李公宗孟年十二舉神童。爲中書舍人。大建廟宇。題爲寶峯寺。因其舊也。元相沈公如筠置義田四十石於寺中。以助寒士。明洪武初指揮使李賢屯谷數千石於漕公嘴。以

給旱澇此吾鄉之仁人義士堪傳不朽也余因其事而狀之非誌寺也誌義也

炌族兄何品何善為楚府典史肥弟何遷年二十六歲食邑廩高才能文工詩詞歌賦之學為靈泉諸友所器重惜賦命之不齊也 李朝祖記

## 靈泉蓼莪堂記

堂廢於藩寢　明洪武翰林院　辜皐　即董陶谷

江夏古稱忠臣孝子之孝鄉也東六十里有山曰靈泉萬樹如煙一溪若碧北山之下多巨族大家惟張氏居地得山水之勝其中有含山樓右為秋風亭左為

春露亭。東西有二井。東井以觀晴。西井以占雨。鄒沈二家。所謂双龍眼是也。朝陽坡下為公居。而歸然居其上者。則宋高宗所建之忠文祠在焉。祠前去為大觀橋。環顧琴臺。雲煙不斷。或倚山為亭。或隨水為軒。以參差錯落於山腰斷岩之間者。唐人所謂萬卷書樓。其在是焉。過金龜園。至黃獺陵。覺山東嵯峨。隱隱隆隆。綠樹蒼深之中。有仕宦居焉。其間梧桐拂道。松竹盈埏。遶戶而入。曲檻廻榔之中。有小月池、樊子之玩月池也。有大月池，董子之玩月池也。左為玉書樓，右為蓼莪堂。玉書樓者，曾泰讀書之樓也。蓼莪堂者，李鄘事親之堂也。堂之以蓼莪名也，肅宗（係明皇子）褒之以旌孝也。迄於今，孝李公往矣，而蓼莪猶在；忠文（叔夜）逝矣，而廟貌如故。後之登斯堂、履斯祠者，蓋不勝忠臣孝子之感焉。是此山之所以足誌也。

## 靈泉北園尋樂齋

吏部　張添祜　仁一

天生斯民。厥有恒性。而君不可以無教。民不可以無學。故古者聖王繼天立極。即建學校。其化民成俗。養之有素也。養之有素。所以治化之隆。非秦漢以下所能及。自五代以降。中原一區。每為夷狄所傷。而俎豆詩書者。人或僅識其名。烏識所謂性哉。天運否極。當還夫泰。我太祖高皇帝出定天下。汎掃金元之餘習。復主中夏文明之大統。徧為立學惇教。以示偃武修文之意。及我文皇帝、（永樂）益隆繼述。頒賜性理大全諸書。使為師者、知所當教。為弟子者、知所當學。化民養士之道。皆得其正。故數十年、習善俗以成風。取真儒以（而）濟用。致治之功。直可與古聖王比隆。猗歟休哉。士生斯世。得遊於學者。宜何如其慶幸。而思所以勉勵耶。必專心致志於性理之書。擴充涵養。漸有所得。使日用彝倫之間。遵道而行。居於學、則為佳士。處於鄉、則為善人。列於官、則為良臣。內聖外王之學。俱在於是。

而德足以正君善俗者。孰非其人者哉。苟或惰焉而不學。學焉而不精。義理不足以勝其利祿之心。以至曲學而阿世者、亦多矣。嗚呼。是豈興學立教之初心也哉。諸弟子敬聽之。

# 靈泉山水樂

進士官通政司　董禮　即章皋後

人生適意之景。不過詩書。而詩書所得意之景。無如山水。蓋詩書之樂。樂以心。而山水之樂。亦樂於天。二者一致。弗可遺也。由余而論。故必有山水。始足以發詩書之奇。蘊有詩書。始足以窮山水之奇。情此古聖賢諒有同情。不僅文人學士所獨好也。余覽靈泉勝概。有峰有巒。有泉有流。有松有柏。有樹有竹。有煙有雲。有鶴有鶯。有鹿有虎。有桂有蘭。有花有卉。有溪有魚。

有軒有亭。有樓有閣。有市有店。有茶有酒。無一不備。大約不出於山水而增其美也。余喜讀書。尤好踏山。更好臨水。與二三良友。或春遊芳草。而花發鳥啼。或夏賞綠池。而魚梭荷衣。或秋飲黃花。而月影潭空。或冬、吟白雪。而瓊樓玉宇。覺四時之景無一不與人同也。而余之所取者。獨取夫松景雪景風景雨景。煙景霧景。霞景雲景。清景朝景。爽景晚景。閒、嘗、評、論、之。雪景之奇。奇在松而不在雪。雨景之奇。奇在風而不在雨。霧景之奇。奇在煙而不在霧。雲景之奇。奇在霞而不在雲。朝景之奇。奇在清而不在朝。晚景之奇。奇在爽而不在晚。噫。宇宙變變化化之道。盡在目前。造物活活潑潑之機。洩於山。水。吾願與一二達士名流共領取。之。故作為山水樂之圖。以喻吾同志焉。

天下有奇山水必有奇人物有奇文章必有奇領會讀董公之作已臻絕頂

# 靈泉四寶誌

張宏 字虛宇 永樂戊子舉人乙丑進士監拉 法尚法之子

靈泉書齋一怪石。得諸山海關外。高三尺餘。奇洞千竅。對月光照之。有小千月。覺宇宙幽邃。尋玩不盡。一奇寶也。一小石硯。方員四寸。厚一寸。邊外有餘痕紋浪。色青赤。春夏磨墨。微雜煙雲。池上刻芸窗伴業四小楷字。如錢鸖眼。注水生綠。旁鎸狀元張棟一至寶也。洪武初、紫蕚園、得古銅鼎。三十六斤。珠光霞彩。歷錄奪目。燒香其中。浮雲如蓋。腹刻江夏王道宗製。至今猶以饗祀。又一至寶也。
齋藏古書二十擔。紙潔字爽。讀之必淨手焚香。學山學海。如在案前。不必遨遊四海。而天下奇觀。已盡於是。此更為無價之寶。有此四寶。餘無足寶矣。

## 山陽居

戶部主事　王屺

地不僻。不足以避喧。山不靜。不足以消閒。守先入遺宅。土名馮家灘。植松柏以遶戶。插綠柳以橫堤。舊有橫湖堤北山南湖。聊適野趣。喜其無車塵之迹耳。余築室初成。

鄭先生壁、過訪。余留坐於軒。取寶燈（爐、）焚異香。閒談古今。先生曰。子之居。馮當世（京字當世）之故居也。子之爐。王道宗之遺器也。余曰然。先生吟詩於庭曰。靈泉山下南陽居。一水盈盈向月池。昔日龍來馮氏卧。今年燕向王家棲。因名其地、為山陽居。謂余居山之陽也。

# 左氏居記

江夏人物。三代之世。喻良、喻史為伯禹上卿。修三皇五帝之紀其傑出者。乎至商而有官禮、衙衡、（二人名）權算陰陽禮樂。八索九邱三墳五典之書無不讀。矣。成周之代。屈伸宋策、（二人名）為武王太史。通兩儀。達三才。洵不可幾。矣。下至梁惰。陵夷殆盡。有若左天垣、字光斗者。習左氏春秋。振起其間。於仁壽初（隋年号）拜右相。謝政而歸。力挽楚風。學者師事焉。湖山自樂。終老於修賢里中。

# 龍泉寺序

沈寶之

蓋名不虛立。實有由至。余南山之有靈泉寺（都）。原名也。其後寺僧李無懷。高才博學。宋太祖時、屢試不第。因削髮為僧。至神宗三年、與帝相參。帝喜。拜為國僧。勅賜龍泉廣德禪寺。且建有亭、有序、後為遼兵所毀。祇有碑文。然則寺名之為靈泉。自曉然始也。（李洞）靈泉之為龍泉。由無懷改也。無懷誰。宰相李景望之後也。

# 靈泉八達名宦

曾泰曾守和　張添祐張鍾靈　沈貴沈一敬（進士官雷州同知）

樊　鏞樊鑑　李時亮李友文　杜宗晦杜竑

鄢邦彥鄢繼魯（洪武丙子舉人）　董陶谷董　禮（永樂甲申進士户部給事中○士統壬午舉人○洪武癸酉舉人）

其餘鄭璧潘紳曹閏王庚楊繼本以及程陳唐黃

諸家皆新附不在八達之內故不盡錄

# 靈泉鄉賢文

五經博士洪武癸酉舉人 張郁 文愚

自古名山望谷，未有不以人傳者矣。試觀今之域中，若五臺、九華、匡廬、伏牛、南嶽、西峩，歷千百餘年，屢經兵火之厄，既毀而復興者，豈惟恃佛說動人，亦山之靈秀，其有關於氣運諸多也。吾江邑諸山，如鳳凰之鍾（今牧山）恭武（孟宗），高觀之誕北海（李邕），金溪之毓馮京（當世），勳名道德，卓冠古今，都皆嶽瀆之靈，山川之秀也。江夏一山，漢名江夏山，又名夾山，唐天寶中更名靈泉，羣峯環列。如萬馬奔騰。中有一泉。澄清碧澄湛。旱禱輒應。（泉在寺旁）外有蒼松樓數千株。枝幹扶疏。鬱然遠映。唐高僧百嵩、棲隱於此。至宋淳熙時、李定遠、始闢道場。作廟於其中。張賓王、復恢宏其舊址。既足以媲美三十六天之勝。而蛟龍蟠集。又於焉醞釀甘霖。故循良之吏。非此無以覽名勝。曠達之豪。非此無以舒幽抱。也席珍礪劍之士。其藏息修遊。多假是為登眺之所焉。自元以來。若沈公如筠、張公孝廉、其宏詞博學。鏗然有金石聲。幸沐國朝雅化。人文蔚起。其應運（同時而生）而起者。如方伯杜宗晦、給事李時亮、太常鄒彥魁、副使楊繼本、冢宰張添祐、翰林曾泰、巡按沈鍾、以及王庾、董禮、鄭壁、樊鏞、名宦豪傑翰、先後相望。莫不為士為民。來歌來遊於此。而科甲之盛。今皆赫赫然、可以指數。至於登高作賦。撫景寓言。其有關於民風士習者。又已說盡於吾儒矣。郁不敏、詞忝董狐。何能傳乎盛跡。筆非太史。豈克藏之名山。竊附其說。以俟觀風者採擇焉。

# 靈泉人物記

通政司　董禮

靈泉山水之奇。代生偉人。漢自樊噲、卜葬岩阿。而南陽處士樊英避亂隱居。倚祖而結廬。其志行有足稱者。唐有張儐、李沉、李道宗。李宋有李宗孟。元有李慈（時亮之父）溪、張賓王、沈如鄧明。有李元善、張添祐。皆少年才雋。雄文大筆。馳騁古今。而風流餘韻。遐想見之。此非得山水之奇乎。

# 靈泉品題

明教諭　潘縉　本壯董

江夏人文之祖。首推曾泰。德行之優。無如張誠才子之秀。共遜添祐。而李巽（係洪武己卯科舉人）即其亞也。忠厚之遺。尤有鄒沆。而杜董又其選也。余聞靈泉諸君子。皆博學宏才。冠絶一世。文章意氣蔚然一鄉。其時敦古好修之士。競尚廉恥。俗恬民熙。宛然太古。不徒蘊藉風流已也。也。

# 銀瓶井記

永樂進士官巡撫　張尚德　字循孝　号龍泉

靈泉書院之旁。有井焉。曰銀瓶。余不知井之奚自而名也。明兵部劉公仲廉先生、家世居此。少時讀書於院中。余揖見公。公遊銀瓶。余問其名。公曰、昔岳武穆、有女曰銀瓶。曾投井。於是余甚愕然。公指岳碑以示余。余摹其碑以讀其文。曰、飛以陽（湯）陰民籍。不幸遭時變亂。與老母徙居鄂城。無日不與慈幃相依也。念飛少失怙天。母時勤織。以教兒書。飛不自暇逸。攻肄經史。頗曉意義。適金師犯順。侵我太宗疆宇。母命飛曰。方今朝廷招募奇才勇力。汝盍出力報効。以紓國亂（難）。飛奉母命。投軍於將軍張所帳下。授以武功。所至（試）輒效。宗公渫（澤）謬許為大將之才。飛於此時。志期除賊。以安社稷。數年以來。馬到成功。王室初安。不意重譴。以致敗公事。伊誰之咎。班師南旋。拜見慈顏。不勝感愴。乃復修我墻屋。構書齋於清風園中。讀書養親。以終天年。何庸更擔古今之愁哉。余讀此間。又恨回祿焚裂有碑無文。余撫其碑，幾為之太息泣下。劉公細閱其中有誓不同天、死不忘君之句，依稀有無，體認弗真矣。及余之弔銀瓶，磚石層封，似墓似塔，苔痕侵綠，蘞蔓於域矣。余感此心傷，因嘆銀瓶之有所以亡者也，有所以亡者，為父之宗於宋而死於檜也。

## 寶善録

隆慶庚午舉人與蕭太史良有齊名

聶文湛　字楚冲

天下之表表人羣者，非有顯名奇節之行不足以傳於後世。江夏自漢唐而下，以才學名世者若黃瓊、黃琬之名於漢，孟嘉、孟珙之名於晉，李善、李邕之名於唐，馮式、馮京之名於宋，皆楚之良也，而勛猷爛然者，如王道宗、張賓王、張寶相之收功異域，威震强胡，同炳為史册之光焉。若神童（奇）不凡之士，則宋之李孟宗、明之張添祐，不可以等倫視也，然猶曰才耳。又若出於天性，不可學而能，則千古一孟宗，千古一黃香也。我朝之忠烈既優者，若張公璞（字中美）之死於逆理（叅官官刘瑾拉杖），賀逢聖之死於逆賊（張獻忠破城，溺水而死），熊廷弼（字芝崗）之死於朋黨，吳裕中（石）（字疊）之死之（手）杖下（秦檜矯杖死）其死不一。也。而忠義不變之心則一。也。皆善。也。皆足誌記。也。吾故表而出之以為實善者取。焉。

宋高宗（宗）敕賜封威靈王張叔夜廟（郭）坊

（高宗、徽宗第九子也、封康王、欽宗之弟、二帝北去、即位於南京、）

奉天承運、皇帝詔曰、國家不能百年無人臣不可一日無君。朕於先帝盡節之臣。未嘗不號泣以三嘆焉。當金虜入寇。東京受圍。三邊元帥、未聞隻兵以救主。四路將軍、不見一人以勤王。惟汝張叔夜、抱忠心。懷赤胆。招討四方。不避艱險。孤軍來衛。不顧其身。長子伯奮、爭先以殺賊。次子仲熊、捐軀以破敵。兵至城下。虜以喪胆。無奈奸臣賊子（張邦昌 范瓊）輸情獻虜。以致力不能支。甘心北行。先帝皇兄（徽宗 欽宗）舉目無人。惟汝父子。依依戀主。猶圖恢復。既而大事已去。無可為矣。嗟汝父子。寧殺身以成仁。不屈膝以事虜。似此忠義。可貫日月。朕特賜封開府。儀同三司。謚忠文。贈王爵。二子封侯。聊慰忠魂於地下。永作正氣於天上。詔封之日。速崇

廟宇宜隆禋祀俾千秋奕世壯山河而光社稷寔惟

汝靈是式用奬忠勤故兹詔勑

建炎年歲次丁未癸卯月穀旦

勑封鎮翼先鋒張伯奮為忠義侯

鎮國將軍張仲熊為忠勇侯

狀元修撰張棟為忠宣伯

明洪武歲次庚辰尚書張添祐録 按庚辰乃寔建文二年也永樂登極改以建文年號並附洪武

## 宋理宗詔封忠節坊

奉天承運、皇帝詔曰、朕聞徽欽盡節之臣。如侍郎李若水。宰相何栗。曠世所不見也。故樞密使張叔夜、勤王死事。終如白溝河。妻蔡氏。媳王氏。俱投井。長子伯奮。次子仲熊。抗志不屈。痛哭自刎。三子張棟、死於太白山下。一門之內。臣死君難。子死父難。妻死夫難。朕甚憐之。查得棟子舜民。逃往江夏。特着地方官、修祠立坊。以旌忠節子孫、世補太學生員一人。奉祀生一人。三年授太守。永垂祀焉。

## 張舜民傳（舜民宋理宗授太守著有南遷録子乂淵乂潛皆有文行居官以循良著）

宋張舜民、字芸叟、狀元張棟子也。母王氏、俱盡節。載烈女傳。妻樊氏、即靈泉山樊京之女也。舜民建炎時至靈泉。（高宗年号）天姿敏達。志量不羣。既得樊英故地。益加修治。庭除清幽。義士張勇、善治農桑。家用饒足。舜民與勇鋤圃。得金數甕。買荒田三百畝。積溪水蓄魚苗。採松花。種茶乳。卒致大富。又構舍山樓一所。祠堂一重。北修書房。南建門坊。軒亭曲折。頗增靜雅。所交賓友。皆契重馬。宅屋之前。起茅屋六十間。排列如市。使里人賃居。交易於中。不過四五年。有數百户。遂成大集。宋理宗勅賜忠節坊。以表叔夜及棟、並母蔡氏、棟妻王氏之烈。舜民終身慟哭。刻四像於祠。日夕禮拜。純孝無閒。至老不衰。

明太祖勅賜靈泉山張叔夜廟碑加封順天平北王

詔曰、卓哉忠文。為宇宙英雄士。作朝廷節義臣。先武穆而生、有功於社稷。始文山而没、無愧於天地。何栗字文縝相欽宗京尽節而死

太白仙蹟。萬古為靈。敬仰高風。北宋一人。

# 思親臺記

宋　張文潛　芸叟次子

山之有。臺而胡以思親名哉。昔吾先子（公芸叟）避亂楚中。託跡靈泉。每望西山落日。恆哭泣於此。而慟父母不見也。先子雖没、猶彷彿啼痕未乾。而雞鳴風雨之際。如聞太息之聲焉。瞻然此處。有虬松千尺。因担土成堆。壘石為臺。百世而下、過此者。必詢諸父老、以溯夫為臺之由。仁人孝子。猶有感而生哀者。況乎吾父吾祖之子孫耶。潛也日對此臺。恍然見我先子、而泣深風雨焉。則邇日之春露秋。霜。亦未嘗不哭泣以相從。也。

## 張氏忠烈傳

元相 沈如筠

嘗觀古賢人君子。當哀難之季。有遠適異國。而各行其志。誠有大不得已者矣。宋臣、張叔夏者。張叔夜之弟也。食中大夫祿。鞠躬盡瘁。不愧臣職矣。曁宋亡。為金虜所獲。身縛玉。磬。投於黃。河。屍流七日。舟人救之。猶有生氣。既甦。欲自殺以報國恩。舟人曰。國亡家破之日。徒死無益。子盍勉為後國圖。於是扶宗（宋小）。潛形自

宋理宗在位四十年八改元一寶慶

楚隱於張大湖中築城修堤走馬操弓。欲為恢復之舉。聞兄叔夜父子俱死難。仰天大哭。赴河而死。楚人士義之。葬於土城。俗呼為天子崗是也。未幾小宋亦亡。至寶慶元年。其子諱逸民者抱盤來歸（注籍黃岡）哭於忠文之廟。嗚呼。若叔夜叔夏者。真難兄難弟。其同死社稷之心。可謂忠矣。烈矣。與古仁人義士並傳於弗朽矣。筠嘗過其墓憑弔久之。不禁嘆欲絕。愴然而下亡臣之淚。

## 張孝廉傳

元相 沈如筠

江漢古稱名區。先朝人物。如孟氏之仁孝。李氏之文學。張氏之節烈。是三家者。江夏之望族也。近日教子傳家。惟孝廉一人而已。孝廉胸懷洒落。雅志林壑。蕭然一室。有以自樂。而且不妄言笑。不趨名利。動循禮法。行中規矩。故子弟皆化而雅。飭。鄉黨皆化而純。謹。足為世。法。令人敬服。焉。

# 張誠痊枯骨記

洪武甲子舉人 官巡江道 樊時中

維古昔時、遇饑饉疾疫。則有荒政以聚民。其不幸死而暴露。則又有掩骼埋胔之令。惜哉其不遭乎此時也。自元癸卯至乙巳、賊兵蕩殺。民無噍類。其轉髀髑骸。高高下下。皆遍而滿焉。夾山張公孝廉、登高而嘆。則見泥滓間。闠者如破甌。揹者如枯株。碎者如沙礫。紛然彌望。白日照之。星星玭玭。若有光㤩。張公慘形乎色。命僕夫裒而埋焉。至洪、永、成、宏、間。張公子孫・聯科登第者數十餘人。世稱江夏名家。人以為陰德之報為不爽。云。

髀音俾，在下稱也。髃音虞，与腢仝，肩前兩間骨。䯒音行，牛脊後骨。撱音妥，挾才而去也。悻音婞，很也。

張御史祖孫合傳

太常寺卿　鄒彥魁

在昔冢宰一官。掌副宰相。與六卿共理天下。使調和元氣。不至陰陽愆伏之患。以典正法度。總領百官。至尊貴也。其次莫如御史。其為侍御、固養抗直於憤激。出議論於諫諍。以躭視百僚。斥逐官邪。而羣縣小吏。莫敢欺罔。至威嚴也。吾鄉張公添祐、自洪武甲戌成

宣德年後起詔為相
永樂成祖之孫洪熙
仁宗之子

進士，授翰林，詔入直備向（問），以近天子耿光，據直言事。或忘其忌諱，絕不覯望人主。無不安其位而行其事焉。及養望靈泉，優游二十餘年，意恬如也。其後起公為冢宰，吏民鼓舞相賀。所謂踰河而恃舟楫，不若聞雷而驚喪匕鬯者，非先生之大有震於人心哉。乃其裔孫張尚德者，自弱冠以文學顯名於縉紳間。所蒞（莅）稱秉憲之臣。始而宰汝南，陽不三載，而政平訟息，殿績稱治行第一。凡清問剔弊，罔弗稱明。至今學士大夫、猶能言之。英宗皇帝時、苗蠻犯順。上遣尚德。出按雲南。直聲動天下。苗民望風悍服。尤精於察吏獄。南民有繫首禁中者。使覆鞫鞫。廷訊之下。一一讞見其寃狀。奏知天子。天子嘉其經術文章。足以謀國是。斷國論。因為之授今職、又擢御史。魁不敏、樂君之志有成。而喜為天下道。於是次其傳云。

# 唐將軍李道宗封江夏王傳

吏部　張添祐

江夏王、李道宗、（李淵之族弟　太宗之叔）唐名將也。少事母。以孝聞。子孫居江夏之靈泉。家甚富。昔道宗係太宗尊行、以才能見用。貞觀四年、與張寶相計擒突厥而歸。（頡利可汗）獻於天朝。部落悉降。漢北而南。盡為空壘。其功豈不偉哉。太宗御順天樓、以受俘。因上皇（高祖淵也）聞之。嘆曰、漢高祖困白登而不能報。今我子（太宗）能滅突厥。吾付托得人。復何憂哉。因與諸王、置酒相賀。以誌功也。自是而四夷賓服。中國宴然。胡越一家。古未有也。他日太宗圖畫功臣於凌煙閣。而道宗弗及。為足恨云。再攷貞觀十八年、太宗謂侍臣曰。於今名將。惟李世勣、（本姓徐賜姓李）道宗、（姓李江夏人）萬徹、（姓薛亦江夏人）三人而已。夫既知為名將。而何以不與。是則可疑也。抑或有說焉。至高宗永徽四年、故相房元齡之子遺愛者。與高陽公主、謀立荆王元景為帝。事洩伏誅。而道宗為長孫無忌、褚遂良、二子所謗。亦坐流嶺表。嗚呼。盛名之下。難以久居。功成身退。可與全終。余為道宗惜之。

# 張東白先生傳（諱通字長空号東白謚文山　萬歷辛未進士）

江沛然（隆慶丁卯舉人辛未進士字應吾）

古之君子。學成而天下用之。即不得志。亦不寂寂於人間。其流風餘韻、足以留之也。我夫子東白先生、謚文山者。（官黄門吏）得力於乃兄張中美。（諱璞）而陶成於名公巨卿。故其學問宏博。造詣淵深。非世儒所得而窺其閫奥也。沛親炙門下、十餘載。刮垢磨光。而始知文字精當。其立言有體也。沛舉進士、賓客往賀。先生不為之喜。既任吉水（縣名）吏治民風。畧有可觀。先生又深為之喜。沛嘗黜職、賡容往邵。先生不為之憂。既作提刑。獄底澄清。民咏歌南山。士詠甘棠。先生又深為之憂。先生遨遊於公卿間。賢士咸師尊之。時海公瑞、疏稱天下理刑之官。若江沛然者。清廉明決。可遣滇南。雲南沛奉命至京師。會先生於署邸。命予曰。慎刑恤。民為官之道。只在不枉一刑。不冤一民。至公至正。方不欺於心。無惡於身。不然。殃必及爾。沛遵師訓。兢兢於。心。比至雲南。軍民府中。辨誣殺之罪十。謀殺之罪九。姦殺之罪八。盜殺之罪七十餘人。縱殺之罪四十餘人。南民咸焚香懽呼。曰數十年冤案。雪於一朝。既歸。泣送於道。及抵西楚。（江西地名）又劈重罪之冤數人。凡此者皆我先生之惠愛及人。也。（先）生世號理學名儒。淹貫經史。著作鴻文。洋洋灑灑。未竟而終。沛於公餘之暇。修輯成帖。題曰歐陽老人集。皆我先生之手澤未忘也。先生太僕之弟。其文學德。行。性情品。詣。皆一一如太僕。焉。是其家學家法之兩無恨於前人。矣。沛序於舊集。以為先生傳。

## 孟孝子傳

三迴都堂 張必貴 添裕之子 字榮三

嘗讀孟氏傳。而知忠孝之本乎性成也。漢賢士、孟若翁，世居江夏。微時畊於孟城之野。漁於南浦之湖。性喜讀書。而又愛種竹。竹長千竿。人號孟氏里居。翁生宗。宗生恭武。教之習漢帖。筆走龍蛇之腕。教之讀周易。學叅義文之奧。著衍義而紹絶傳。世稱孟氏之易解。此家學之淵源也。如是。尤可異者。天性純孝。宗生數載。父與之枕。必跪受膝前。母曰兒毋跪。郭孝子之姑母郭氏 母以乳食。亦如之。稍長。勤於洒掃。即知代勞。種蔬釣魚。以供甘旨。夜則誦讀。無不怡然於庭也。親老。坐必執几。行必執杖。其孝養色養之風。依依可掬也。父没。葬之。剪籐抽薪。不留土壤。四時拜奠。哀不自勝。雖隆冬盛暑亦然。母曰。喪逾三年。哀可已矣。若之何踰禮也。宗曰。吾傷之。吾不忍其在土也。母年漸衰。垂白於堂。宗當寒夜。必擁衾蒙足而卧。湯火之具。弗絶於幃。稍不豫。輒掩淚沾襟。如不欲生也。及母容漸頤。懽忻鼓舞。

如出望外○母有眼患○宗餂目○目生明○母知掛著著○而好樓居○宗妻黃氏、出裝資○買宅於淩湖之南○其地寬平○築土為垣○內植花卉○母顧而樂之○曰○所少者、井與亭耳○宗鳩工為亭○母曰、亭何名○宗曰、孟母亭○曰、善哉是稱○雖然○吾獨愧乎孟母也○亭成○鑿井於前○母凭欄而觀之○似忘乎老焉○故後人又稱為忘老亭云○母一日寢疾○心甚憂之○思食新筍○時天寒凍○宗往南竹院旧宅求之○不可得○遂抱竹而哭○須臾出筍數根○持歸○母食而愈。君子曰。非仁孝格天者不能也。母垂年八十有四。而終。葬於鳳凰山下。（今貢院後）朝廷聞之。舉其賢良。官至御史。贈司空。雖膺顯貴。而孺慕終身也。後世孫孟珙者。因宗舊址建祠鑄井。故今傳爲孟孝子祠云。

## 靈泉八家記

巡江道　樊時中

吾靈泉里居。有數可美。一湖山景色可美。一人物儀容可美。一風俗教化可美。一八家子、誦讀不息、可美。一四十八户、禮讓不衰可美。一文士名流往來不輟、可美。一鄉紳先生、尊親不替、可美。一琴棋書畫、詩詞歌賦之學、無一不習可美。一亭池樓閣、竹樹煙雲之類、無一不雅可美。此學士大夫好奇遊覽者。往往流連盤桓於此云。

## 靈泉宅第記

張廷鳳

外環石垣。前有沼月、蓮池、臺閣、樓榭、甚壯麗。北有紫蕚園。南有瑞芝堂。左春露。右秋風。遶山四圍。皆古柏蒼松。行雲流水。無不有焉。明初八家。同居其地。丁男數百户。極一時之盛。後被楚藩靖端兩藩所奪。遂失其地。識者傷之。

# 撥換靈泉山事實

張昌亮　湯又新叅訂

靈泉山、古稱名地、漢唐宋元、八姓同居、暨明正統十二年丁卯、內有鄒元兒、林森、私換居宅於楚康王朱季㙷、禍源始於此。知後又有沈天爵、沈天貴、畏藩勢、換居宅於端王。王深喜之。賜以朱扁。惟恨林、李二姓不換。衆姓未換。成化元年乙酉、靖王朱均鈋、以東安恭定王季㙷長子、嗣二伯父季㙷位、託武邑族八張鍾靈代換。衆亦弗許。有張鍾靈上靖王書王深恨之。迨宏治二年己酉、王竟親臨面換。張長空等、先聲抗論。聲喧林谷。王怒、自擊其首。血本上奏。誣為謀殺。眾姓俱起。科道官、上奏。楚藩怙情欺君。未可深信事。張李二姓、挺立不移。十二年已未、竟為靖王所奪。至正德六年辛未、端。王榮滅嗣位、又欲易換、二姓終弗許。有張長空上端王書王遂連年迭害。迨正德十二年丁丑、盡奪其地。二姓移居。屢次叩閽、彼此勝負未定。延至愍。王顯榕、於嘉靖十五年丙申嗣位、愈肆凶惡、欲翻有沈世邑上愍王書案求勝。盡誅二姓苗裔。將內山八名家、外山四十八户、碑坊寢廟。竄逐毁掘。而諸勝地遂蕩然無餘矣。惟世宗肅皇帝、諱厚煉、以安陸王、代武宗毅皇帝位、（国号嘉靖）深知楚藩播惡情弊。杖死宗室三人。仍復八姓守土。世奉先人。真仁主聖主。有道天子也。

奉旨撥換靈泉山公案

楚府自宏治二年八月一疏、為破腦傷首、罪同弑君事。是疏以血掌塗於上、連用三痕。皇上震怒。即遣三法司、賜尚方劍一口、並湖廣巡撫、協圍張李二宅、抄家。執兇魁赴京待問。御史孫公秉直、諫臺楊公世英、力言其誣。始下廷議。宜以三法司往勘可也。及三法司回覆。只以山場撥換官產。並無破腦傷首之事。上怒稍已。楚府九月復疏、為宦臣謀主、故殺非誣事、疏中語侵部堂、上疑部堂有私、忽出內旨、如敢故殺情真、即着羽林軍三千、星夜赴靈泉山、嚴拿張李二姓全族、至京分處、有偵信報來、靈泉紳衿士庶、逃走一空、時給事申公以讚、俞公華國、桂公以正等、特奏楚府怙情欺君、未可深信事、不如且止羽林軍、免驚駭百姓、陛下一行偶失、萬世共議、伏乞欽差行查、適鄂於渚（天子內侍）以他事往湖廣、回京復命、上問曰、江夏鄉紳、與楚王爭搆是非何如、鄂對曰、此陛下家事、臣不敢言、上曰、但說無妨。鄂曰、臣年老邁。未知顛末。有董正乾得悉其詳。上喚董、訊之。董曰、臣到江夏。聞江夏父老百姓。皆言楚王毀了張天官忠節牌坊。折了宋高宗（宗）忠臣廟宇。又說強掘張家坟墓。及官民房千餘間。餘不俱知。（時人謠曰當時若無董正乾家家不得拆過年）上曰、張李（故）二殺楚王事。你知否。對曰、故殺是假。由賴是真。着三法司諭湖廣巡撫令地方官姑免究提。此宏治年間事。遂寢其案。

（上聞言。默、然不語。已知其詳。知次日遂有即案改赦是假。由賴是真。）

楚府使人在京偵探。每有幹旋。王必知之。正德時。又生風波。楚府疏稱二張、李盤踞京師。內外雜職四十八虎尾大難掉。多方布置。遮蔽聖聽。事上將張通（即長空）李典等官。發刑部勘問明白。處分俾當。來奏毋得狥情蔽護。有干法紀。正德末年間事。上晏駕未結案。

# 陳嘉言回奏稿

嘉靖年間、楚府又翻案、上允奏、掌堂陳公嘉言、（江夏人）與科道官合審、勘得正統年間、以王宅（庄）三百石、撥換張李二宅坟山住基、二姓不願得三百石之產、而失祖宗之坟、以致搆怨數十年、楚府今年上本、明年上疏、未免借事生風也、張李今年叩闕、明年待罪、豈肯顧子失母也、數十年疊案如山、先帝並未剖決、朝臣不敢言、公、（宏治正德嘉靖三朝楚王共上四十一本）今蒙聖諭、勘問明白、處分停當、（来）奏臣敢不矢公矢慎、以自干犯法紀也、昨閱湖廣布政咨文、云楚昭王莊王已葬靈泉山三分有其二、張李二姓、雖欲不與、胡可得哉、由臣等處分、以原日撥換為據、其餘八姓之坟、仍許祭掃。朝廷教入報本追遠之德。莫厚於此也。至於張忠文石坊廟宇。出於宋高宗敕賜。當修之以為天下後世為忠臣者勸。李宰相（諱鄘天宝末進士字建侯卒年八十）墓義祠堂。出於唐肅宗敕賜。當存之以為天下後世為孝子者勸。即此兩處。斷還二姓。依然子孫居住奉祀。

楚藩亦不得强據。絶人宗祀。庶乎楚之先王。安心於寢處。伊之祖宗。亦不得其甘其委諸草莽。則君君臣臣。兩得其道。生生死死。兩無所恨矣。陳公條晰上奏。上曰。説得有是理。准奏有旨。着徐有貞。周至德。往湖廣走一朝。取兩姓手册。及楚藩遵依來繳。以原議為據。可也。

叅楚藩本　嘉靖九年庚寅　進士　張烈　字六卿加靖丙午舉人

為掘塚暴尸。竊天法究事。臣嘗讀易。首出庶物。萬國咸寧。未嘗不睪然高望而遠志焉。今逢皇上纘承大統、洪仁遍敷、四海慶幸、僉曰堯舜在上、如春舒和。湯武登朝、無一冤枉。信矣。今有奇慘。不敢上聞。有煩聖聽。然不得不陳者。天潢之宗枝也。不忍不陳者。一本之骨月也。今臣祖張璞、為先朝骨鯁之臣、死於宦臣（官）劉瑾之手、我皇上天聰所洞悉也。蒙賜遺骸、歸葬靈（江）夏東祖塋靈泉天馬峰下、已有年矣。慘遭楚王府宗朱、掘塚開棺。臣幸撞見、枕尸而哭。王宗拘鎖至府。封門三百錮治至死。勒書賣契。哀脫奔逃。不惜先臣朽骨。不留名器體面。叱呼鞭扑，如同犬馬。臣脫命之日，呈告巡撫，不敢招禍。控告按院，不敢惹非。只得星夜至京，伏罪待誅，以哭訴於皇上之前也。竊思臣祖曾叨監察，亦屬方面，非有大故，何得掘塚開棺，至此田地。臣至安陸，獲睹恩詔，撫惜先臣，清出皇庄利弊，安陸三尺小兒，無不感惜激皇爺。此雖童謠，可彰彝典。如臣祖有罪，應蒙皇上治罪。況臣祖罪不至於開棺，惡不至於掘塚，而何至暴尸遷葬，若是之甚也。事屬激切，慘極籲天，一字涉虛，願甘寸裂。伏祈皇上深恩厚德，速賜雷霆，保全先臣一塚。勝造七級浮圖，萬世瞻仰。入鬼頂戴，臣戰兢上呈。

嘉靖批：旨如再掘張姓塚開棺遷葬者，照庶民例處斬

再參楚藩本 嘉靖十年辛卯 張廷鳳鸞

為違旨故掘，痛哭陳情事。上年聖旨敕諭楚府，如有再掘張姓塚、開棺扦葬者，照庶民例處斬。臣族不勝焚頂，以為獲全餘骨，皆皇上生成再造之恩也。詎料

楚王貴宗朱三人等、又掘先朝祭酒臣輅之墓。喚石匠王成鑿洗三日、臣始得知、匍匐至靈泉祖塋見棺開、袍帶依然、面目如生、臣不禁魂飛天上、魄入地府、控告無門矣、只得跪泣王宗、反觸樸怒、打落一齒、面皮皆穿、臣泣告撫按兩院、默默不言、但云世間至大、莫過皇親國戚、天下莫敵、惟有王子王孫、汝豈不知之乎、臣伏思皇親至大。莫大於朝廷聖旨。王子無敵。尤難敵於國法。是以情激心傷、奔承陳天聽、丕彰乾斷、戒飭宗藩、深全亡骨、雖死之日、如生之年、不然、尾大難掉、生靈受害、將城狐社鼠、近在蕭墻、他日必厪宵旰之憂也。竊思皇恩浩蕩、四海已無頑民。聖澤洋溢、天府宗率多悍宗。如此行狀。有梗王化、則去年聖旨、誠為故紙。今日法律、竟是空談。恕臣愚蒙冒死直陳、伏祈聖明睿鑒、不勝惕厲戰兢之至。

嘉靖批旨　慟恨無涯、着三法司將犯法三人拘來親訊杖斃

# 劾楚藩本稿

禮部官　高桂

奏為不遵王制、越占官産、竊國號以亂法、誣聖旨以壞名事、楚藩臣朱季堄位一國之尊、綱常名教所由係。序王人之上、法制禁令所當先。未有竊號改年、矯旨樹碑、如湖廣江夏所屬地名靈泉山昭陵一碑。為可駭、也。臣稽昭藩封楚、為高祖之象賢、楚邦之賢王也。生有德於臣民。豈有利於社稷。其傳世而移遺後都宜季堄之克遵而弗違。率由而不替者也。乃不遵王制、越占宦産。如元至正學士沈如筠、洪武戶部曾泰、永樂布政杜宗晦、洪武吏部張添祐、成化太常鄒彥魁等臣、祖瑩住基。以為陵寢。又立豐碑。忽題其上曰。正統十二年三月某日朱某立。又稱大學士李賢具疏奉旨請題。臣竊以為過矣。夫王之德果當褒耶。則輿入歌之。太史採之。而後褒之不為諛。夫王之德果足錄耶。則庶人言之。國史書之。而後錄之不為私。臣思藩臣即不請旨、而竟自立碑、世孰得而非之也。即用本年、而不須改年、人爲得而議之也。不假樞臣李賢、而任人撰文、世又誰得而訾之也。惟其並未請旨、而誣爲請旨、則矯旨之罪、誰認其咎。今非正統、而詭提正統、則改統之罪、誰執其咎、疏非出於李賢之手、而誣之曰李賢、李賢實非正統之人、而矯之曰正統、將以竊號之罪誣賢耶。抑以矯旨之罪誣賢耶。矧今大學士李賢、日侍皇上之側。事非已往。人非已往。皇上召賢而問之。然耶否、耶。由臣言之。帝王國號。萬世澄信。

何容妄改。府縣小吏。追改年月。倒提日時。罪所不逭。如今年山西太原知縣。貴州樂平知縣。皇上猶云可憫。宜正重典。科道官原情不允。況位一國之尊。序王人之上者乎。臣以國譜計之。自正統而景泰、而天順、而成化、則五十二年矣。自宏治而正德、則三十四年矣。自嘉靖而隆慶、則五十一年矣。共計歷數之傳。一百三十七年。李賢生於成化。而非上生於正統。勿論賢此時未生。即生矣。賢亦無此一百三十七歲之高壽。

今皇上御宇。又一年矣。（萬曆之癸丑）臣揣藩臣之意。我既奪宦
産。又恐八心不甘其侮奪。不如矯旨立碑以為請旨
以壓服之。亦為久遠以朦混之。似此欺君矯旨。可以
不論。則矯旨者。不止一藩臣矣。似此罔上改年。可以
不究。則前日改年者。亦不宜處兩府縣矣。臣謹將藩
臣朱季塊所刻碑文。墨印一張。封繕進呈。臣言切直。
冒干聖聽。臣不勝戰兢之至。
蒙旨俞允削藩録禄一千石。姑究

楊慎鄒守益上言復勘楚藩奏疏稿

禮部高桂等奏、爲楚藩倒提年月、矯詔立碑、越占宦產、欺君害民一本、上遣狀元楊慎（四川成都）鄒守益二臣行查、回京上言、謹奉聖命、行查、不敢隱情事、臣前日奉命往湖廣、皆微服私行、至江夏靈泉山、楚藩設營兵三所、百户官四員、侍衛四員、祭祀典儀司四員、宰廚二員、威制一方。内山不許百姓行走。外山不許車馬踐踏。往來行人。遠避數里。有被害生員尹天民、告稱有胞弟天士應縣試、風折枯枝。楚衛拿獲。王命銅釘四口、鉗死示衆。（暴惡極矣哉，桀紂亦未如此）合計連占官田三千五百石、追其印契入庫、以作宗産。合計占民産四百畝。以作鵝鴨田。合計占梁湖草場數百段、以為草料税。臣私訪靈（憲王）泉昭寢、見高碑約有二丈。上鐫正統十二年（歲次丁卯）朱季垷立。實係倒（提）年月。按憲王季垷薨於正統八年（歲次癸亥）、今又勒石其上、是矯詔立碑、越占官産可知矣。又查九峰、久建大寺。合占李氏九處山場、約計十餘里。不容李氏認塚。逐趕夾山居民四十八户、遠離他鄉。計誘靈泉寺僧八十餘人投諸江漢。追毀靈泉古誌不知何意。臣謹將所查事件、備寫進呈、伏祈皇上睿覽、

計開楚府所占

青山（樊西賽祖地） 班鳩原（李都堂祖地） 牛角洞至後山（沈閣老業） 東山至梁子湖（張天官祖業）

以上湖塘田地草山為楚府所有所占

靈泉山外四十八户姓名居塲

戴堯叟 程憲 孟嗣宗（孝子孟宗之後） 湯朝臣 陸雯麟 董

唐鄭今楊居太平
左

卜臣 以上在牛脉頭一帶 畢天星 唐得亮 郜戴鼎 尹天民 生員 鄔玉麟

黄自通 以上在祥牛廒一帶 曾虛舟 畫工 魯仲文 潘縉 成化丁酉舉人在狀元坊桃花園 本姓董今涼馬房東 方

漢臣 李友文 舉人 馮文俊 馮京之後 何源 舉人永樂時布政杜宗梅之後陞 仍在藜花嶺肆考亭一帶今左營所 楊東

塘 朱瀾谷 梅先春 趙云介 田見龍 羅胡也

在花園一帶 蔡九萬 陳文宏 唐璽 永樂甲午舉人 鄭壁 即王祿地明進士 宋狀元鄭獬之後居山人在父子嶺一帶即明 拔貢李育地居鄭之宅楚府所占撤庵今改

為國圍寺口 壁洪武丙子舉人 劉三友 傅奇 江學詩 金滿斗 江若河

在分社廟下 拔貢塔一帶 鄒振奇 文舉人 拔貢 沈世昌 貢士 張咸玉 生員 秦廷桂 曹文山 生員文基之兄

古襄州 項可月 上國光 進士太之後 花如錦 生員 竇五桂 在馬鞍山 為右營所 刑美

之 商聯芳 葛申甫 范蓬溪在通峽嶺仰家園一第

上泰明景泰癸酉举人甲戌成進士字志同初授行人陞吏部員外出廣東參政

陳抄家草稿

都堂李盛次子 李璋字德甫

爲矯詔抄家胃死陳情事臣住江夏靈泉有祖坟一段坐落保安里土名九峯先世遠祖李鄘字建侯由唐明皇在位四十五年開元天寶須國号天寶末年舉進士官拜平章以太子太保致仕卒年八十朝廷賜葬九峯獅子墩上李善字次璘前五代梁時人李邕字太和唐昭宗時人李暄合計四墓豐碑高塹石馬翁仲鑿鑿可據歷今九朝

授邑休鄉保邕之孙
鄘長子柱浙東觀察
次子棫鳳翔節度使
棫子穰昭宗時宰相
穰子沆字東濟家有
公叁亦員俊才

唐後梁後唐後晉後
漢後周宋元明

千百餘年矣。於前歲九月內。慘遭楚府王朱、圖謀風水。起掘四塚。深至丈餘。棄棺拋尸。奇禍不測。臣兄李珍、叩閽。蒙許其照舊安葬。是洪恩覃敷。上通九霄。下徹黃泉矣。今又於本年二月內、約同茶鹽二商、出銀數千斤、鳩集工匠、將山鑿為平地。建為佛寺。請旨敕賜、永為施主。復矯詔文、抄沒臣家。先父都堂李盛因氣身故。臣思上年聖恩、既許照舊安葬、則今日之滅族抄家。恐非皇上本意。是以奔訴闕下。重瀆天聽。如果出

聖裁。死亦甘心。倘聖恩寬宥。赦臣不死。則矯詔欺君。罪有攸歸。專候聖旨、死罪死罪、以戰兢待命。爲此瀆陳、

明正德癸酉科李珍李璋 李粹然兄弟同榜當時號三李。再粹然字仁甫工詩文李珍字貢甫授永安令

建李都堂盛神像

拔貢 鄒振奇 崇禎己卯科舉人

明楚昭王出獵、逐白兔於九峯獅子山、見李氏墓竟奪其地。掘唐相李鄘之棺。都堂李盛死之。英靈不昧。每與王較。王懼之。平其塚以爲寺。約茶盌二容出貲巨萬。使內官郭成功監修。埋僧人無念於上。作千佛

殿以壓之。李為出崇示不已。因修李氏公享殿。塑像以祀之。吁。昭王本欲得李氏之地。以為日後安身之計。豈知鬼神降禍不已。而卒廢為寺塲。以葬山僧。枉費心思於當年。徒遺惡名於後世。識者已知其非忠厚開國之道。也。惜哉。

## 占永豐山 即二府井是也

李春芳

永豐山下、明處士張添祚、（沉係祚七世孫）五經博士張郁、之墓在焉。楚端王求之。張沉弗與。至楚愍藩、占沉祖山。沉力抗官尉。王惡之。未幾官尉二員病没於熊姓（即芝崗祖居省城）家。王誘之以利、欲嫁禍於張沅。熊翁曰、吾豈不顧子孫耶。王、陷熊、翁、於獄。沅年八旬。目識十行。力運千斤。王、誣沅為亂。沅、赴京上書。以白其冤。上慰之、遣歸。王名勇士數百人、圍沅宅。欲捶殺之。沅有友、先知之。以告沅。沅携子孫童僕。跨馬夜行二十里、至官步橋（在今吹笛橋石首）。雞初鳴。有李生者。沅故鄉人也。避楚藩居此。遂留沅飲。且歌詩以贈之。曰、一壺美酒送行仙。醉染春風楊柳烟。沅答賦曰。八十老叟乘馬去。不知後會在何年。後人遂為李氏送行歌。

## 覆楚靖王均鈋書

張鍾靈

蓋聞仁孝者。治天下之大本也。愛養者。培國脉之源也。自高皇帝御宇以來。親賢禮士。仁民愛物。無不沐育其恩膏。歌詠其德澤。即遐方異域。均蒙其樂利。而況中國之臣民乎。粤自洪武三年。昭王分封於楚。太祖親命之曰。汝入楚惠養黎民。馭人臣以禮。又諭之曰。百姓山川土地。不可分毫侵越。有負朕意。此天語煌煌。炳若日星。忠厚開國。昭垂後世也。茲乃有術士傳仙子。無賴小人。謬託堪輿。妄指臣家吏部住宅為大地。切靈泉一山。鄉曲不毛。外山四十八戶。內山八戶。宋元舊市。亦已殘破殆盡矣。兼以煙火雜沓。牛羊馳逐。無甚奇觀。不謂殿下之過信也。昨蒙天吏喚臣、議換其地。許以三畝易一。臣至靈泉。遍閱西、北九山。臣族及鄒、沈、樊、四家之先靈在焉。其東、南居諸山。杜、董李、各有祖塋存焉。臣思田地屋宇。可以抵換者。臣知殿下存仁愛之心。必不為也。說者、又謂遷塚改葬。一議。臣按遷塚非[修]改葬非經。府縣下鄉、率鄉保士庶、共查此山内外、約計三百餘塚。若並數而遷改之。必害及子孫。禍及枯骨。為人祖者、不得依故土而寢。為人後者不獲蒙故業而安。臣知殿下廣仁孝之心。必不忍也。念太祖列聖、宏開丕基。積德昌後。誠恐一行偶失。有傷天下人民。殿下以聖子神孫。上體太祖列聖仁孝之心。下裕子孫黎民愛養之念。將見以莫大之宏恩。而綿宗社無疆之福矣。豈區區一靈泉而已哉。

即曰牛眠卜吉。世或有之。豈知帝王之興。率由天命。非關地理。昔周氏有八廿百。只聞積德累仁。而成卜世卜年之永。未聞岐山鎬京。有甚風水之說。此其足証也。況三湘七澤。豈無可取。奚必靈泉而始稱名山哉。伏祈殿下、仰體聖祖訓。俯全庶祀。則生死啣恩。奕世頂戴於無窮也。臣等不勝猗待命之至。

# 上楚端王書

張通　長空

古者天子建國。諸侯立家。公卿大夫、以至士庶。各守（安）其業。以祀其。先。此王者至公無私之心也。自元失政。本朝受命。招集流亡。兵火之後。繼之以安揷。安揷之後。繼之以教化。惟恐民之不安。者。太祖高皇帝。也。即位以來。愛養臣庶。存恤故家。養之以仁惠（厚）。文之以禮樂。（俾）先朝之名賢。不殄禋祀（者都）太祖高皇帝。也。其時天子和德於上。百官和德於下。陰陽調。風雨時。卿雲現。五谷登。六畜蕃。嘉禾興。草木生。山不童（崩）。川不竭。凡厥庶民無不安土樂業。俗有謳歌之聲。民無哀痛之音也。夫何傳世未及百年。裂土分封。非不足也。邇來無故而奪民居。無故而遷民塚。生切為王不取也。夫高皇（帝）去今未遠也。祖宗得天下以忠厚。子孫宜守天下以仁義。茲者殿下驅逐百姓。侮奪縉紳。以佔其業產。而爭風水。惟恐民之獲安。致人人蓄怨。家家積怨。由不能守本朝之家法也。先王之制。君有定域。民有定土。

不相侵。也。祭有定分。葬有定期。不踰禮也。今歷昭莊憲康。凡四世。矣。並不塋葬。今年卜地。明年卜地。鑿山崗。斷龍脉。生聞有萬世而行仁義者。未聞有萬世而為王宰。者。其昧理不亦已甚。乎。且葬之為言安也。卜之求其利。也。取庶士之宅兆、而惟為陵寢。不惟天理不。順。即前王有。知。安乎不。安。其不安孰甚焉。王之意期貽祖宗以安。而先始祖宗以不安。王思之。乎。王欲貽子孫以安利。而先貽子孫以不。利。王思之。乎。王苟修德

取他人之堂構、而作佳城。不惟人心不服。即前王有知。利乎。不利。其不利孰甚焉。

以行仁。祈天以永命。福將自至。何患無地。夫王有祖宗。士庶亦有祖宗。地可易也。起祖宗而易之。可乎。宅可易也。毀先靈而易之。可乎。且王雖尊貴。亦猶然孝子慈孫也。孝子慈孫。愛其己之祖宗。亦必愛其他人之祖宗。既知自愛其祖宗。而教他人自戕其祖宗。自暴其尸骸。以奉王之祖宗。此極惡下愚所不忍為。而謂孝子慈孫為之乎。即如豺獺獸也。尚知其報本。若靦然人面類。曾禽獸之不如乎。王胡不諒之。乎也。聞王者以信義服天下。不聞以

賊乃反知天下以奢儉光天下不聞以

侮奪凌天下王之行有八失焉前者靈泉止營昭寢而今則並占數區一失也前者八家甘讓祖塋而今則並占住宅二失也前者許留石坊以表節烈而今則並拆為通道三失也前者鄉賢尚存祠堂今則奪其榛栗四失也前者庄業許還張李今則侵及田產五失也前者許住山外落業今則逐去他方六失也前者唐宋建有古寺許存今則禍及僧家七失也前者鎮市許留貿易今則片瓦不存八失也王犯此天下八失其何以君國何以子民王猶曰今日是朱家之土噫

王幾誤。矣。王者撫有國家。有土、有人。若與民爭土（地）。是細人之。行。非人君之。度。王何見之不廣乎。猶之唐人說李天下。宋人說趙天下。元人說胡天下。一切鄙語。有喪（傷）造化。豈知天下屢易。民不改。舊（邪）。孟子有言。行不義、殺不辜、而得天下者、皆不為。王寍不聞之乎。試問歷朝皇帝。親王宗室。有奪人祖塋。而作陵寢者。乎。無有。也。靈泉八戶。自漢至唐。至宋至元。或出功臣苗裔。或出先賢後昆。祖孫父子。數世相延（沿）。帝不一。帝王不

孫也。藩之有宮嬪，猶吾之有妻妾也。相較而論，其分各殊，其情不甚相遠也。靈泉內山八戶，外山四十八戶，人丁不下千餘，生養休息，不知幾帝幾王，以至今日，廢興存亡，不知幾世幾年，以至此時。凡此基址，祖宗遺之，子孫守之。昌等雖蒙聖朝雨露，而實則前人之遺業也。漢自武陽侯受封，樊噲千百餘年，樊氏子孫不絕如縷。唐自李邕分支，累世公卿，王道宗為將，名標史冊，迄今未艾。宋自張舜民避亂，止居於此，忠孝節義。載之祀典。國朝曾泰被太祖徵辟。擢為尚書。他若鄒沈、以及董杜。亦先朝故。家。多歷年。所。山川依。然。人物如。舊。並未奪於誰氏之。手。誰王之世。也。昔楚元王之子。欲為父卜葬靈泉。見樊氏宅。墓。而吁嗟不忍。葬。元、威順王薨、欲葬於此。見張忠文故祠而罷。葬。是二王者。皆藩封之。君。而猶然懷仁孝之。心。識禮義二。字。今殿下親中夏文明之教。昧太祖忠厚之訓。奪人之地。無骸不。暴。至不仁。也。毀人之巢。無枝可。棲。至不義也。覆人之祀，無主可託，大無禮也。絕人之嗣，無計可逃，大不智也。名為換地，實行為誆騙，大不信也。凡我大夫士庶，挈其妻子，號泣痛恨於道路，離其家室，怨氣充滿於天地。噫，是誠何心哉。昔者秦政掘人之塚而入，亦掘其塚；楚平暴人之尸而入，亦鞭其尸。前車後鑑，不在遠也。使天道無知，則亦已矣；如其有知，必不逃於天誅之日也。謹揭。

八家住基，為楚靖王所奪，營為九寢，于後矯詔立碑，倒提年月，壞江夏風水地付生，而非藩宮也。傾吳泉世家於楚靖，而非楚昭也。所以靖之後之愍而絕也。明末屯兵遼薊，敗覆於衣冠（棺）遺族，皆化爲烏有，惟昭覆僅存，由昭爲能保位以守國，而靖不能貽謀以裕後也。蒼天理之昭而極人心之恨而平，嘗年八家之流離，祖廟之暴露，亦可以報矣。爲今地奈何不察。張大文字仲雅浚園氏記

余按九峯李氏之故，先被昭王所極。國之不遂，因罹遷奔。後請懇於王之柳廟，亦由昭王昭之不基。正不以昭覆僅存，未被遼薊，遂謂昭能保位以守國也。湯錫新甫号氏記

# 報復説

湯盤又新氏

道光二年、歳在壬午、伯兄湯銘新、半品氏、館舘於同里傅子定邦之學府、偶得靈泉古志一部、每課餘、隨録數篇、久之集成、持歸示余、翻閲之下、苦無善本。不免錯訛。謹依邑志攷校、畧爲訂正、竊嘆靈泉自漢唐宋元來。極盛者莫如。明。而極衰者亦莫如。明。閒嘗論之、積憤成。禍。人事有必盡之。情。積怨成。災。天道有好還之。理。昔司馬晉、佐魏篡漢。天則使劉宋、以漢代子孫篡晉。報百五十餘年之仇。今觀靈泉八家、祖塋居宅、起正統十二年丁卯、被楚府侵占、固己宏治間靖王深恨張李不換。血本上奏。嘉靖時愍王愈肆凶暴。欲盡誅二姓苗裔。以故張李二姓受害更。甚。厥後崇禎末年、張獻忠屠武昌、令楚宗親俱滅。投諸江者六千餘人。自溺者一千四百餘人。並靈泉各寢盜發。其衣棺遺骸。皆化為烏有。李自成至燕京、直逼懷宗自縊。而明祚絕。又何莫非天使張李子孫亂。知報二百餘年之仇。凡我同人。閱靈泉誌者。特此論斷。厥心庶可稍慰。

# 靈泉穴地總記

沈寶之

莊子曰、凡人心險於山川。禍兮福所倚。福兮禍所伏。又曰、聖人生而大道起。余靈泉内山八家。外山四十八户。凡宅第祖塋。俱得山谷之勝。一旦被明昭王楨、莊孟烷、憲季堄、康季埱、安季塛、靖均鈋、端榮㳚、愍顯榕所毀。預作吉兆。隨為寢園。故靈泉北、山。武陽侯樊噲墓、今昭寢、侯墓遷東邊。昭寢中堂東下、即元觀文殿相國沈公如筠墓。今平。張府祖塋。掘唐江夏王道宗寢遷。今憲寢是。道宗係鄂州畢王璋之子

靖王即東安恭定王季塛長子嗣康王季埱後

宋張芸叟墓存。明張中美墓掘、稍還東。張公添祐、與夫人沈氏（筠女）合葬。墓在昭寢之西。公靈顯應。不能掘。碑為石台所壓。（昭寢大白石台、即張府大堂口石。）沈氏並郝太常彥魁墓俱掘。張公輅墓在天馬峯之西、開棺、袍帶依然、稍還、今賀妃寢是也。再觀南山。唐相李鄘之蓼莪堂平。明戶部曾泰夫人李氏墓掘。董公幸臯墓掘（存）。內有樊張郝沈四鄉紳墓掘。今靖寢西內、唐李沉、李毅、墓俱存。明張誠墓在東邊、欲掘、天大雷雨止。今莊寢附之。更觀唐李善李邕李暄、李鄘四墓。俱葬九峯獅子山後。楚昭王奪地為九峯寺、遂遷葬於前盤龍山。嗚呼。只顧一時奸邪之私謀、而昏不畏死。那知千秋士民之清議、而毫不可逭。以致任意侵奪。逞志毀滅。此古所謂小人而無忌憚之尤者也。

## 靈泉樊侯墓碑

噲漢封為武陽侯。嬃高后之妹也夫人呂嬃
嬃封為臨光侯后崩嬃被誅

張聰本智

余少時、至天馬峯下。昭寢汝山有漢將軍樊侯之墓七大字。半為蒼苔所掩。東有一石台、高八尺、又題武陽侯三字。聰聞進士樊時中譜云。侯、是噲之墓。噲母葬武邑樊山。觀者辨之。按產於徐州、似不葬於此、據父老所傳云、是漢高祖封武陽侯之地、故有樊山樊湖之謂。因封武昌、故有武陽侯之名。則靈泉為噲墓無疑矣。。明宏治年、楚王營昭寢、掘出墓誌、果是樊噲之墓。棺木宛然。紫荊抱棺。氣如雲蒸。下有二白石似玉。忽然陰雨窸合。狂風觸入。隱隱有雷聲。楚王見噲形。心驚服。許以重祭。葬之寢東。如王禮。

鄒經曾記

世傳武陽侯樊噲墓下，有一石碑題云：地本楚王地，權借五百年，楚王來到此，移我在西邊。楚王怪其言，偏移在東。掘地又得一石碑云：西邊如不許，東邊仍你還。遂葬於東邊。由是人皆競傳以為異，而竊有疑焉。

蘧廬沈寶之記

余讀靈泉誌，見楚昭王出獵於九峯時，以謀李氏墓地為身後安葬地，迨奪而棄之，以為寺場。王心未遂，何難刻碑密埋，以圖後勝，以安人心。後楚藩且倒挂年久，矯者立碑，明指可據。所謂石碑果真，則余不信也。

長原山麓湯半呂注

祭戶部曾泰先生墓文　杜宗晦

人才之生，雖地氣使然哉，何嘗不猶應運而興乎。惟其應運而興，故地氣相會，人才相盛，而適逢其風雲際會之奇，夫豈偶然之數也耶。江夏夙擅才藪，自禰生（名衡）鳴於漢，萬年（孟嘉）鳴於晉，北海（李邕）鳴於唐，當世（馮京）鳴於宋，聶炳（字韶夫，入志目先）鳴於元，其他有遇有不遇者，固難悉數。洪武壬子歲，吾鄉郡之士同聘舉名士者十有七八，咸聚於京師。召對之時，先生首賜及第，入則陪侍經筵，退則校讐東觀。詔太子親王視膳。凡九卿百職事。咸賓師之。其敬禮抑何隆哉。未幾出補饒州太守。治績有聲。天子知先生才可大用。以布衣而為尚書。如此之時。彬彬雅雅。爭先恐後。共襄一代文明之治。何其盛耶。十七八年間、登鬼録。幾及其半。出者退者亦又幾人。其幸而存焉者。僅兩三人耳。嗚呼。何有終之鮮與。自古文人學士。委棄於草莽者不少。乃其間得自致於金馬玉堂之列。以傑然自見其才者。千百一兩人耳。

其遇不可謂不幸。天子越常格而用人。亦冀以得魁梧瑰偉之士。於百官僚庶之中。獲此數人。其致之不可謂不難。而論落銷歇。若此其奄忽也。豈非憐才者之所嘆歟。今登先生之墓。追述芳徽。景仰高風。因並目其人。以誌余之所感云。

# 祭副使道張公宏文

明生員　沈承
君烈　啟南子

嗚呼悲哉。吾始疑疑信信於造物也。造物愛公。可謂至矣。宇宙聰明男子。意氣丈夫。如公者固少。而踵決肘見。老蔾（藜）藿者多矣。即不然。無饘粥之憂。而室高鬼瞰。服美人指。為風雨所飄搖者多矣。即不然。坐不垂堂。而陰陽入道。俯仰缺陷。抱遺憾於牖下者多矣。公以太僕公為之兄。太僕公、諱璞厚德重望。如廣夏長被。尤篤念鞠哀。故公托跡仕隱間。甲第煌煌。玉步可說珊瑚可碎。目惟繁鮮設醴。對貴客而已。際高軒之過。酣飲無慮也。姻婚僚友、騶從如雲。禮樂衣冠、子孫如竹。雖復王謝。誰能逾此。計公所需、惟海屋添數枝籌耳。即長留公為烟火之神仙何不可。而又必尋生死故事。奪之去也。悲哉。是、則、可、疑、也。解之者曰。天地萍也。萬物、馬也。富貴、雲也。人生其中。電也、露也、容也、夢也、傀儡也、造物不欲没溺公於塵垢壞。故使之點頭悟撒手。彼驂鸞駕鶴。嘯傲仙島。實始終、愛公之至意。

也。嗟嗟。是亦理之可信也。予哀朽。附太僕公之年末。而又邀太僕公之恩餘。與公誼、則通家也。而分兄弟也。故前之疑。蓋以世俗之見。哭公於人間。後之信。蓋以達觀之說。慰公於天下也。

## 祭太僕張璞先生文

熊廷弼　芝崗

維萬歷某年月日、同邑進士、李自重段成功段然佟卜年、致祭於皇恩贈封太僕寺卿、張公璞、字中美、先生之墓曰、粵稽古者。風俗醕樸。士尚實行。秀者敦詩書而尚禮讓。賢者重廉恥而爭（矜）名節。故草野有真儒。而朝廷有良臣也。後世功名之士。競趨於僞而忠厚正直之風。已不概見於天下矣。即其時容有秉禮度義。間出於鄉。然不過什百庸流中一二人而已。翳惟先生。家世名裔。紆青拖紫之榮。不足為羨也。奕世名儒。博古通今之才。不足為侈也。其可為一二人道。而可為天下道也。蓋以忠孝之家。而復產忠孝節義之後。而更生節義。其不可及也。如是。伊惟先生。賦性剛方。淡泊自矢。寧為樸率。勿為華麗。寧為正直。勿為詭隨。以立身之大節。為立朝之大節。寸心葵耿。扳逆鱗而不忌。滿腔牢騷。忤權貴而不畏。雖殞身天獄。而猛如烈火。即遺骸故鄉。而潔如寒冰。人為先生惜。我為先生幸。曷幸乎爾。幸夫忠言之逆耳。而直道之不泯也。榮辱生死。奚足論焉。噫。正大如先生。其誰與比乎。光明如先生。其誰與京乎。慷慨激烈如先生。其誰與儔乎。吾知翹首天衢。昂志雲霄。浩浩乎與造物同遊矣。嗚嗚呼。彭祖非壽。顔回非殀。生順死安。蓋棺事了。大夫生為孝子。死為忠臣。何慚於聖賢。何愧於天地哉。今聖天子當陽。嘉乃忠直。贈爾榮封。山川崢嶸。某與公子公孫。同獻一滴於黃泉。願播英風於萬古。謹宣黃誥。公宜欽聽。嗚呼。尚饗。

## 沈大亨墓誌銘

弘治戊午解元 張鍾靈

沈子諱宏、字大亨、余同年友宗也、其先世自江西之南昌。遷江南之長州。一世祖如鈞、仕元為觀文殿大學士隱居楚黃而始遷於江邑之靈泉山。余先人、已譜其世家矣。有子道倫。生民望、民仰。民仰、字具瞻，娶陸氏、生子宗文、宗武、其後裔仍遷黃陂。（為黃之舊故近）、而靈泉之有沈氏。乃自民望也。民望、字眾瞻，娶何氏、生子宗周。周以歲進士、任景州學正。即公之四世祖也。曾伯祖諱剛、（居太平）為懷州通判。曾祖諱炳、官至南京大理寺正卿。祖諱文化、不仕。叔考諱美之、官至直定府令尹。為直定一人也。考諱秀之、成化戊子科舉人、二十七歲卒。

曾祖妣張氏、祖妣龔氏、妣朱氏、皆封清河郡君。公幼失恃（怙）事母以孝聞。讀書香山。至忘寢食。其雄才偉度。博學能文。而卒克振家聲。人咸謂沈氏有子矣。弱冠舉鄉試第五名。上春官、不第。行年四十、成進士。生平忘情忘怨。自處尤潔（廉）。不爲苟且以妄隨。其所以見稱於天下者。即所以取嫉於權貴也。故卒不獲其大用。而齋志以沒。亨、宏治二年己酉售楚闈。正德三年戊辰進士。補延慶永定縣主簿。上官察其廉能。薦授海定縣令。又歷知河陽、光化、郾城知縣。改刺永州僉署開封府事。尋以事故免歸。後朝臣交薦。辭不屬就職。輒以老疾。卒於正德九年甲戌三月初十日。年五十六歲。以正德十年乙亥正月辛丑、葬於先塋之次。夫人倪氏、禮部侍郎倪岳之女。先一歲卒。子男二人、早亡。孫幼未名。嗚呼。大亨。五歲而孤。四旬始仕。其履憂危而不懼。遇煩劇而不擾。非有大過人之才與德其能歟。銘曰。山高易頹。名重難沒。

按邑志張鍾秉字一卿失先武昌人汝從江夏中宏治十一年戊午科解元遺物跡家塾脫稿未第之前終身不仕与沈貴沐卜同御榜

同年戴德彝相贊

吏部 張添祐

戴子德彝。年近七旬。洪武甲戌。林價有聲。文皇登極。羅於禍因。注：為左拾遺，奉化人，永樂列為奸榜中人，死時項氏家居，聞變，度禍必滅族，令居室避匿數載。氏族譜，獨身留家及收其亡，一去所歸，洗項氏其奔避，停媒姻，竟云一言，戴氏族人遂全。其子戴先。視予猶父。先生江下。垂念孤兒。娶以族婚。以族女娶先。讀書遊泮。頗有文名。居止夾山。產子智生。聰明卓異。氣宇超群，克承祖德，為時所知，諸子孫。永流芳名。吁嗟先生。注：蔡。清高俊品。德有餘馨。蟾宮折桂。頂甲三名。譙國望族。南陵偉人。鶴髮童顏。宛然如生。仙風勅勅。松柏嶸崢。

攷洪武甲戌科榜三人、張信第一、耿清第二、張添祐第三、戴德彝第四、唱名畢、添祐啟奏曰、戴德彝、天下名士、當德俱優、文行最高、老師宿儒也、臣以年少、忝居其上、願以探花讓名賢、上許之、因欽其德器、後陞張添祐為吏部尚書、

# 威靈王張叔夜像贊

張添祐

金天大帝。降靈於太白。坐鎮於西山。皇風來自太古。神化符於元元。宋室乾坤顛倒。天羅地劫齊臨。夢中（半胎）協胎。叔夜鍾生。形如梓童。貌似帝君。鬚成五柳。眉分吐白毫。垂双腮。抱文武全材。佐宋皇為政。平定中原。收殺水滸。東京受圍。報恩救主。鳴孤忠於一劍。獨留丹

心於毋（習）空。神兵助戰功掃沙漠。勑封威靈萬世欽崇。

## 題釋如曉行贊

昭宗時唐相　李磎

古者山林隱逸之士。其姓名多不傳於世。往往於山巔水涯、以自成其奇。若曉然者。不立異。不衒名。不忝禪。不打坐。去靈泉數十年、不復來。客有見詩僧於山陰禹穴間。更名如曉。客問曰。爾非曉然乎。僧答曰。子既知我面目。可歸語百嵒。三年到天台來。吾去矣。拂袖而逝。客視之。飄然在雲霧中行云。

# 太祖敬心錄

寧　先

吾聞太祖敬心者。明末崇禎時人也。名訓。公自幼為靈泉僧。因道氣驚人。而愍王嘗相往來。王尊之為師。自霸冦一變。有將官名馬者、入昭寢打圍。軍入藥箭所傷。冦黨興兵。悞將寺中諸僧。盡逼漢江而死。幸天不絕寺中宗派。止有敬心尚存。於是往省招僧入寺。而靈泉復為之一興。故今名之曰始祖。我祖壽享八十有七。至順治七年、圓寂而故。建有石塔於青龍嘴。今按順治七年庚寅，肯生于嘉靖四十三年甲子。

後人思之而不忍忘也。九世孫寧先為之記。

魁星贊　沈承（君烈、如篁之孫）

吾欣爾名，而爾類乎山精。吾怪爾形，而爾主乎文明。謂從來士子之功名，皆爾之所掌握。析當時科第之面目，實爾之所釀成。爾何為左手執筆，右手提釦。豈今讀書，非此不行。曰賴有管城。

## 與國子祭酒張御龍（諱輅）先生書

（成化乙酉舉人任知令）湯泓

泓聞朝有賢人。社稷之福。鄉有君子。梓里之光。先生以宏才碩德。居南院首選。位尊望隆。朝廷公卿大夫罔弗欽其德業。草野文人學士。無不著為歌詠。亦可想見其為人矣。泓叨產先生鄉里。昔年在靈泉鄉賢祠中。造就人材。不啻立雪程門。如坐春風中矣。居嘗自念。泓祖父世務農桑。先生獨勉泓讀書。得登科第。綰一節。拜先祖坟塋。何榮如之。報本而外。絕無一點妄念。希圖顯秩。為朝廷不甚愛惜之官。以重為鄉黨羞。蒙聖明厚恩。勅宰縣令。汎自愧無百里之才。有負民社之寄。為宰數年。又恨地僻民貧。不獲於上。以致屢憎於人。皆緣汎不善逢迎之罪。汎念平日讀書。頗知廉恥。既不愛民。焉能忠君。甘心擯斥。是所願也。聞先生於部堂處、薦舉賢才。擢陞顯秩。汎名在內。而時論以薦舉同鄉為訾。汎願解組歸里。夾山耕田。樊湖取魚。猶不失為本來面目。免時下怨仇。非故為避嫌。

特恐以泓區區朽株，有損先生薦賢為國、舉不避親一片光明正大之心也。千里素尺，乞賜鑒諒。

湯泓居官清廉，祭酒法格荐之吏部，推陞御史，力謝归田，士大夫高其品地，服其耿介，作有節行傳，為世艷。江沛謹識

## 與師張文山子書

文山諱適，号東白，字长空，文山乃諱号也。

江沛然

師文山翁曾作書教我曰：嚴恭弗懈，所以飭身；夙夜畏威，所以事天；孝敬不違，所以事親；忠順不失，所以事君。此人生學问之大端也。某誌之不忘。又述柳書云：凡门第高、族户盛，可畏，不可恃也。门高則驕心易

也。族盛、則為人所擬。懿行實知入未之信。精有所類。衆習指摘。此其所以不可恃也。故膏粱子弟。學宜加勤。行宜加勵。僅得比他人耳。柳氏自公綽以來。世以孝弟禮法、為士大夫所宗。此文山以古道繩我也。某以科擧膺捷刑。終日小心。處一事。罰一人。未嘗不守文山之訓也。今文山墓木拱矣。起居坐臥。如對文山也。因具菲物。修草動問。來此一懇。

## 與八家書

昨李狗兒、張快兒至京，到閣老别山（張璧号）府内，説楚王血書已上，皇上准旨，着三法司不日到江夏，仰地方官，委兵嚴拿靈泉鄉宦抄家。别山相公閏知此事，名六部科道御史等官交章急救，事在未定之天。别山、中美二公，叫八家着速逃匿，莫戀家貲，守以之日，大速潛村行。

閩臣別山書　　張璧石首人

歷代帝王。宗族子孫。循守祖法。不聞有失德敗度之事。惟明代宗藩。猖獗橫行。播惡已甚。怎奈列聖寬容。朝臣効奏者、均皆獲罷。非齊家治國之道也。日後失太祖天下者。必朱姓子孫也。如江夏世家名塚。奪之已甚。又從而掘其骨。捕其族。何為哉。不知積怨成災。天道有好還之理。積憤抜禍。人事有必盡之情。勸爾諸凶。別謀生產。不必嘵嘵。自貽伊戚也。

# 與張學悟書

修鏗祥之子星宇之孫君法之曾孫

張長空　諱通

楚藩欲易地阡葬。捻院司道令議，經月無念我祖塋俱在靈泉右（左）前後垂三百年，而忽有變遷之舉。今我通族日夜憂危，寢不成寐，食不下咽。老弟速約文虎等，過山來，大作商議。英學邵沈前畜畏勢壞事，曾、李、鄭、杜、尹、樊、趙有山有塚，皆不怕死。我不惜殘軀，與藩面論，頭可斷而宅不可換，骨可碎而塚不可阡。子孫讀書做官，原為前人，豈可甘心就戮。任其侮奪，碌碌諸公，充耳不聞，何哉？字也之日，奮力可也。

答張祥書 祥係永樂癸酉舉人

張璞 張讀字

璞自遂居以來，言及往事，輒爲流涕。聞靈泉諸寢又豎碑，倒掛正統年月，亦任他做去。當年鄧沈二家平墓一事，爲未甚也。祖墓雖傾頹已甚，但遙識其處可也，亦不必祭掃祀。恐此舉一倡，搆禍不已。斂手避勢而耶。聞二子張楹等俱會讀書，大爲可賀，異日增光吾族，未可知也。到渠處深致意。你我天各一方，如晨星寥落，相見無期，但神嚮其處而已。

按祥永樂廿一年癸卯舉人。張璞弘治十一年戊午與張鍾靈、沈貴同榜。張楹嘉靖十九年庚子科舉人，任知縣。

## 與東白先生書

添裕曾孫，郡堂必貴事之孫，明宏治生員，為楚之藩臣也而來

張天泓

屢承諭誨。感激欲絕。恨跡遠數千八百兩地。不能白情。徒舒長嘯而已。兄眷念家族流離。不勝波沉雨霽之感。桑梓坟壠。徒切鴈北鴈南之歎。一番骨肉深情。今我感愴無地也。兄云寒冰畏日。傷鳥畏弓。不知聖命一下。王威如虎。此時倉皇無地。避難引瀕。舉止無措。不知出處。以為事息則止。事發則逃。別無良謀。不想今日也。兄謂我賣湖脫業。利屬一已。我之賣誠湖。脫產業者。非以為利也。因家

產於陳。恐變生不測。故拋去湖山。脫然無累。當此之時。命
且難保。利於何有。兄亦可以原其情矣。局外之人、謂
我背本忘宗。擅改姓名。彼一時也。破腦傷首之誣。罔
弒君。官臣謀主之奏。誅及九族。鄉城百里。不敢道長
弓半字。只待變姓易名。猶可圖存其宗祀。微俾於萬
一也。父母墳土。祖宗墳墓。誰忍棄置如遺。兄試思之。我豈背本
忘宗之人乎。兄又可以察其心矣。兄謂愚雖兄乎。不宜具諸癡
愚至此。又是禍端。楚府兄得我山宅。其心已饜。此一時也。旧火

未息。新煙又出。宗八聞（信）心膽俱裂，四分五落，又竄他鄉。王府委（派）緝。追究來由。斬草除根。宗文宗武。一力耽承。認張作沈。（此所以變姓易名）取具甘結。有保有隣。祖宗三代。必詳其名。生不惟命。死不（惟）為命。若非此辭。甚擠越。當不至今矣。照來諭，將所具開列姓名於右。焚草勿宣。

與宗弟玉壁書　　釋靜吾

先帝未殂。明業中絶。八大王（張獻忠、李自成）屠城之日。（崇禎十六年癸未五月武昌城失守）今楚宗親俱滅。投諸江者六千，諸人自溺者一千四百餘人。釋放什八千餘以助賊勢。幸而免者只有我宗四人而已。巴蜀一省只有桂王、吉王。惠王走於廣西。不知所終。今日冒姓乱宗。動以千數。乾坤顛倒。甚可畏乱。我輩豈甘與奴仆為伍。拒之絶之。勿與交往可也。

按楚宗四人朱相一、朱濟盜、朱玉璧、朱靜吾。玉璧名國瑁，靜吾名國炳。

崇禎末年制度於寶峯寺

# 中卷記序論疏文

# 遺三子及喻兒書

副使道　張　宏

立遺書張宏，字虛宇，幸生詩書门第，獲沾聖朝雨露，於永樂（六年）戊子登賢書二十五名，已丑會試三十九名進士，歷官贊府副使道。三子：長子鍾祥，（曰）次鍾仁，次鍾奇。十孫：長啟化（字孝悟，号脫仙），次啟儒（字子樾，号慧仙），啟覺（字安樾），文山、文龍、文虎、伯垓、伯淳、伯厚、伯澥，俱生員。先大夫循孝（張公尚法，字循孝，号杞泉，永樂）（俟子舉人，癸巳進士，以湖台灣功升遷）（本烟指二十餘年。御榜父子同科）以吳山東西兩庄本户糧田四十八石，自豐禾山至洪福寺，山場土地，遺宏（才）兄弟（寸字凌雲號）（北丁酉舉人），共應糧里，外户庄田三百餘石，共收籽粒，罔敢失墜，湯孫湖池，通族公產，不敢私據。宏今垂年七十有五。（公生於洪武二十九年丙子，迄今成化六年庚寅，共七十有五矣）去日無幾。元配淑人李氏（名季嫻）已卒。妾梅好所生一女，名玉華，字德潤，已適同隣世戚太守曾永和之子璋，字半玉。幸得梅好晨昏侍側，飲啖安之最喜。爾等孝養承歡，毫無念慮，各得其所矣。再外有家生女喻兒，亦人子也，今年已十六七，將妁適人。特念鴈门寒族，文英材者，昔在吾弟凌雲金華府署中，頤使服役勞勤，夙夜匪懈，澗忘有年矣。茲甘一旦去走南昌，不遇，復逐徧閩灝湘雲夢之境，並無安身立命之處，徒受櫛風沐雨之苦矣。竟携妻及子，舟泊湯孙湘边河，道所由，願托身予家，恆對人云：金華太爺，是我舊日恩主，力懇庇覆而卵翼、爲余時解組歸里，閒見之下、不覺惻然動其惻隱之心。余曩籓屏粵邦。益將以引養引恬爲務。而今獨不堪耶。因收留斧斲月而鋤病、慽慽就歿、遂給七樹嶺西葬地一穴。其、子文章、年二十七歲、實本漂流異鄉之人、誰爲親戚。老父細爲籌度。在我兄弟故主之義、似難辭矣。豈可爲英材新墳。遂改古道與人之懷。俾伊妻子飢餓於土地。豈不爲四海君子之所取笑耶。乃將喻兒歸氏直配文章。又憑吾弟凌雲、將新買沈家庄田陸石內、撲貳石。紋銀伍拾兩。一並付與喻兒、夫婦。庶得養命有資。不致流落生怨。念我子孫。擇及他人。太甲曰、惟天無親。克敬惟親。理況一本。實出汝父○廣種寸田、忘報之主意也○汲盡之田無違父命○遺書二命○喻兒須給一命○汝兄弟三父收（入只）父字○永遠爲照○成化六年八月初九日、老父張壹宇書、

附記廻龍嶺茅山三段、蕭梅嘴草場一大段、付長孫啟化獨管收採○

又將本戶朴田四十八石內、撥八石○及沈家庄田四石所剩四石廿、十二石○付長孫、永遠（作）遺念○諸孫不得爭論○叔祖張了凌覃親批、

# 遺書與女玉華

張宏

立遺書張虛宇，幸生詩書门第，獲沾聖朝雨露，於永樂六年戊子登賢書二十五名，歷官魯府副使，道三子十孫。入生大明，遂矣。雖念祖宗世受國恩，子孫世紹箕裘。先大夫以夾山東西兩庄遺宏才兄弟，共应糧里外，庄田叁百餘石，共收籽粒。罔敢失墜。湯孫迎通族，公産不敢私授。宏今垂年七十有五，去日無幾，元配李氏已故，妾氏尚在，所生女玉華，年週二旬，幼讀詩書。經曰學成錦繡，無此賦性孤高，適配於陽太守曾永和之子瑋。字半玉，未有宗産。今憑吾弟凌雲，付銀五百兩，聊作裝貲。新買沈家莊田六石。聊共薪水。餘無所有。念兒女均吾所生。姊妹共屬一本。没齒之日。無違父命。汝三子、親領吾言。遺書一命。付女收存。父盡字親筆、

外附廻龍嶺茅山一段、葡梅嘴草場一段、每年共管共採、永作遺念、叔父凌雲親批、

# 先考遺事誌

張鍾祥

先大夫諱宏、字虛宇、年十三歲登永樂戊子賢書二十五名、已丑進士、歷官曹府安東道、有永樂正規時藝藏稿○四上詩文雜稿○自永樂十六年分居於夾山二里廻龍嶺居住○西庄有李户大壠田廿四石○油房一所○倉房積谷數千石○家貲數萬○牛馬成群○納太守曹永和之子鍾、字半玉、爲妹夫○宣德丙午元年正月初九日寅時、生於沔陽官署之憑高閣○由鄉進士、終廣文○妹曰玉華、字瀛洲、頗讀詩書○姪子成錦繡○無比賦性孤高○適配半玉爲○宣德己酉四年、正月十五日子時、生於江夏孙夾山鄉靈泉山人氏。庶母梅婷出。先妣人李氏，諱季澗，生余兄弟三人，早逝。先大夫鑲鋐，曹公諱豹之女，妾出。先大夫卒年八十有一。葬於迴龍廠西北之獅子山。上作灰堆，下作石槨。三棺同穴。阡作丁山癸向，此與判道士所卜。堂外作墊，植松柏以為佳城云。

## 杜公遺子書

永樂甲申進士 官布政 杜宗晦

紫蓴園者。王將軍之故居也。（今黑寢之左，其地寬平處即是）王氏自盛唐時以武功顯於名於天下。其居第之崇隆，樓台之華麗，自封王之日始，傳數百年而終於宋。子孫不能世守，先入奕葉，爲張芸叟所得，則今日之北院，即昔日之紫蓴也。宋英宗治平間，王氏移居靈泉山外。有馮觀者，王親戚，賃莊宅於王，今馮家灘是也。（爲江夏夫山鄉）觀生商，商生式，式生京，（東去馮家灘上名山陽居）三世巨富。歹更事變，去之永豐驛。（今屬咸寧）得唐相牛孺僧故址而居之。（字奇章，本鄉人也）後又徙於金溪鄉。（屬通山縣，遺跡尚存）馮之祖基爲杜氏所買。（今馮家灘）今王氏所居（知府王礼）即杜氏之遺愛也。宋司徒馮公式之故居也。（今夫山里馮家在）

王氏得業二百餘年。衣食饒足，書声不斷。可見風水之有靈也。余家本王道宗苗裔，因先世寒微，依外家以為姓。故改王以為杜。自孝先始也。杜淦字孝先，淦音甘外家為我買田宅，贍衣食，以至今日。大恩久未報。暨吾身貴顯，宜復王姓。如不可忘杜，當以二支入何氏子源繼之。源以登科后又姓何我有遺命，尔宜遵之。

按馮氏有三處：一為王礼、王屺所買，一為杜淦、杜一山所買。王杜本同宗也。馮京子孫後居汧河徑，出五太守。又徙金牛，今居闻山。杜淦自稱漢陰老人，居泗水，烈日岙首，躬背耕墾起家，十五年遂復富。坂呼泗水即馮瀣。

## 與董王四子書

宏治五年舉人　鄢彥魁

兩間幽靜之境，最足以養人之性情，而益人之學問，惟山與水而已。吾門諸於山水者，若董珍、董璉、王岷、王瞻讀書於梁洲烏榜寺中，絕跡往來者，閱經三載矣。之四子者，以兄弟而為師資，以洲山而為樂地，吾知乎必有合矣。大凡讀書之樂，存不擇地而居，未有不擇人而友。矧昆弟友生之間，皆篤志於學，而競新出己者乎，吾知其必有異於人矣。況而珍之雅意於林壑，岷之銳意於洲山，其志則誠高矣。而吾獨貴其僻也。古之儒者，躬居陋巷，而心涵天地，奚必汲汲於山水而後為樂哉。所有時而遇焉山也，山可樂而樂之，初非泥於山也；有時而遇焉水也，水可樂而樂之，亦非泥於水也。有所以出之者在也。而不繫之山水也。山水特其寄耳。誰子果有得於中乎。吾卒為汝道。

玩其中意、德中有賢、誉中有規、善言也、

## 進學訓

弘治壬子舉人　鄒彥魁

胡五峯曰、學者滯情於章句。以一班自喜。何其小也。曷不志於大偉，以求要妙。辟如遊山玩水上東，試出絕頂。使天下高峯、遠岫、巻阿、大澤，悉來獻狀。豈不偉歟。魁謂為學之道。如登山者之必造其巔。遡流者之必適於海。而後心胸闊濶。識見遠大。方不落尋行數墨小家一流也。

# 誡子

正德辛未進士　任泉令　何炌

古語云、富而不忘貧。則能保其富。貴而不忘賤。則能保其貴。苟己身一旦富貴。而頓忘其昔日之貧賤。決未有能以自終者也。昔居僕附官李勤伯疾將終。謂其弟彌曰、我見房杜平生勤苦。（元齡杜如晦君初）僅立門戶。遭不肖子覆敗無餘。吾有此子孫。謹察視之。其有志氣不倫。交遊非類者。當先捶殺之。此李勤（青郎）遺言。以誡（誡）子孫者也。此炌先祖俱業農。見靈泉張沈二家貴顯。某將發奮。折節讀書。叨科名。由白屋而進士。由知令而鹽運。遇合不云厚矣。國恩不云隆矣。爾輩見吾者。當小心敬畏。清儉自守。以先人貧賤為先。萬勿驕奢以忘艱難。

勿俠遊以墮門戶。縱不能守，亦可耐久。

## 士習訓

杜竑　字閎遠　天順元年丁丑進士，任河南右參政

周之士貴，非獨上之人貴之也；秦之士賤，固由上之人賤之也，士亦因自賤焉。戰國之士，務奇謀而不狥正道；西漢之士，喜功名而不務奇節；東漢之士，貴節義而不通時變；東晉之士，樂恬曠而不事時實用。是皆為世變所移，而昧夫中道者也。竑聞之楊氏者如此。

# 學堂訓

成化乙丑舉人 任知令 湯沆

古之教者。家有塾。黨有庠。遂有學。士修於家、而後升於鄉。升於鄉、而後選於國。選於國、而後達於天子。其教之有素。養之有術。舉之有序。故賢才不可勝用也。唐太宗貞觀十四年庚子、上幸國子監、觀釋奠、命孔穎達講孝經、徵天下名儒為學官。增廣生員三千二百六十人。於是四方國學士。雲集京師。計夷酋長。亦遣子弟入國學。升經筵者八千餘人。我明以科目取士。定科歲兩考。三年賓興。朝多良臣。野多佳士。將來培養教育。豈亞於唐乳。壯無論選加。即英山一鄉。材俊（叁）髦之士。久遠揚於元。哉成激勵。以供興野之採選者。殊未有艾也。況出於館閣。訛生一一以豪傑自期。待於夕覘之。在於其鼓舞而奮興乎焉。

## 讀書訓

洪武戊午舉人 給事中 李明亮 時

讀書有二病。心粗、氣浮是已。宋儒有言曰。開卷如對聖賢。掩卷尋思義理。久之性成。便有聖賢氣象。看來只是靜細工夫。涵養得熟耳。讀書而不受化氣質。仍是心粗與氣浮。試看古來英雄豪傑。志士仁人。無不從這一卷書中、涵養而出。豈是粗浮之儒。所能望乎項背。

# 傳家訓

張添祐

昔朱元晦、與子書云、汝在外塾。要勤學業。慎往來。居處恭敬。言語謙當。不可飲酒廢業。言人過失。說人短長。而因學交遊。尤當擇審。凡溫文敦厚。忠信直諒。能攻吾過者。益友也。其、諂諛輕薄。傲慢褻狎。導人為惡者。損友也。勤慎修敬。切宜謹守。有無限好事。吾雖未嘗言。吾切願汝致之。而更有無限不好事。吾雖不欲言。吾、尤為汝憂之也。若他日歸來。只是舊時伎倆人物。將何面目見父母、親戚。鄉黨故舊耶。添祐奉為名言。以為傳家之寶云。

# 發達箴

建文元年己卯舉人　李元善

世人羨一科甲。父兄宗族。揚揚有得意色。此器小故也。元家數百年富貴。宛如鄉里常人。猶抑抑自斂。恐得罪於親隣。獲戾於朋友。未嘗以功名自逞也。古人曾說貴爲公卿不必驕。身雖貧賤不必恥。看他是何等器量。何等識見也。

致仕居靈泉　　張添祐

地僻無喧。斗室幽閑。杜門乞坐。俗事休纏。安貧樂道志趣拙。不卑不驕諂、不私偏、聽天由命。守此心田。榮辱事、於我何干。盈庭花卉。滿案書編。儘可消閒。可適意、可圖安、竹籬茅舍。只要心寬。布衣得暖。不破不鮮。日常時蔬。飯二三餐。不求金玉貴。但願子孫賢。我也不聾不啞不顛。看穿世事。成敗眼前。且撲撇消遣流年。胸中瀟灑。有甚臢醃。但喜時歌。暢時飲。倦時眠。

# 家政

正統丁卯舉人　任縣令　孫　熙

夫婦。人倫之大綱。禮義教化。自夫婦始也。近世名門大族。於君臣、父子、昆弟、朋友禮教最詳。而夫婦一節。不免缺然。此家政弗理也。昔唐太宗南平公主下嫁王氏。不以婦禮事舅姑。其翁王珪曰。主上欽明。動循禮法。吾受公主謁見。豈為身榮。所以成國家之禮耳。公主斂容敬謝。躬行盥饋之禮。卒執婦道。為人妻果盡乎道。為婦其能盡其禮。則內外和順。上下截然。整齊家政。烏有不理焉。

## 訓族人

杜宗晦

世人皆有三愛。一田宅。二妻妾。三財帛。自我觀之。愛田宅不如愛兒孫。愛妻妾、不如愛朋友。愛財帛、不如愛詩書。何則、好田宅。起驕矜。好妻妾。喪身名。好財帛。多憂心。此之不宜愛也。若好兒孫。振家聲。好朋友。立品行。好詩書。廣學問。世人倘從吾所好。則可保無虞矣。

# 訓子道倫

沈如筠

江漢古称名區。先知人物。如孟氏之仁孝。李氏之文學。張氏之節義。是三家也。江邑之望族也。近日教子傳家。惟張孝廉一人而已。公胸懷洒落。雅志神堅。蕭然一室。有以自樂。而且与人交不苟。不趨名利。動循孔法。行中規矩。故子弟皆化為雅飭。鄉黨皆化為純謹。足為取法。令人敬服。

# 張都堂遺訓

張必貴 添裕子

余自洪武丙子[九年][永樂]區區一舉。出補縣令。上官察余清廉。題請知府。御史舉余才能。除授主事。皇上竟擢三邊都堂。奉欽差都察事理。任大責重。才不稱位。夙夜冰淵自矢。恆恐上負朝廷。下誤蒼生。其肝胆人所共知也。今垂年八十。致仕歸里。榮及三代。是君恩與親恩而並隆。自念身老、子老、孫童環立。人生此事。少在家庭。田宅農桑。務守其業。孝弟忠信。勿忘其本。存心積德。留裕後昆。立品修行。增光先人。朱文公有言曰、祖宗雖遠。祭祀不可不誠。子孫雖愚。經書不可不讀。先賢名訓。奉之終身可也。君子尚禮尚忠。適孫天旂、天林、天泓萬。以果無負家貧之累。吾汝庶無遺恨矣。

# 張封君遺訓

張添裕

先人孝廉濂高義重。如山如岳。與沈公無回。（筠字）不啻同胞之誼。情姑母
弗育。（筠妻沈氏係孝廉公之妹，演王恭浩之妻添裕之姑母）曾有過繼之盟。（張添裕為沈氏所立係添裕之兄而添裕又係沈筠之壻張氏弗育所擧申夫人所生之女適盧又為添裕之妻）異日有子許
其歸宗。無子、安於奉養。今幸我沈公生有一子、諱道倫。嗣子道絕。（筠弟少杜之子不能繼立）足以成立
矣。欽遵聖諭、不許異姓承繼。仍膺張祧。我思父為翰林。（諫誠）（孝廬）弟為尚書。（添祐）
子為都堂。（必貴）詩書之榮。當報聖賢。箕裘之業。當紹祖宗。孝友
之愛。當倖父母。

## 化質訓　杜鈞

後生少年，多爲氣血用事，心不明禮義之學，耳不聞道德之論，口不出忠信之語，故事偏而不通，執而不通，終成一箇愚魯不化之人，徒爲世所訕笑，宗族棄之，鄉黨薄之，朋友鄙之，而猶不知改悔，由父兄平日未嘗教訓，所以錮蔽至此。故欲化血氣而破愚魯，還須讀書。

## 慎獨說　杜一山

張范陽曰：一念之善，則天地神祇，祥風和雨，皆在其中；一念之惡，則妖星厲鬼，凶荒札瘥，皆生於内。是以君子貴慎獨。昔顏壯子之達旦秉燭。楊伯起之暮夜却金。司馬君實趙閱道生平所行。無一不可與人言。無一不可與天知。四子皆真能慎獨。不愧屋漏也。

## 屏間自盟詞

張璞

與世浮沉。何如孤介絕物。隨人圓轉。甚如律己清真。名列三台鼎。鍾而靈懷於否。影備萬夫法望。而自視於愚讓。人人讓。欺人人欺。生事事生。省事事省。勿以毀言日至。而含我端方。勿以譽与類來。而取及護佞。居家立朝。恒此盟言。

# 傳家格言

曾泰

一恥心足以立志。萬善可以立命。平心應物。和氣接人。退步、即是進步。要在涵養。靜觀、每勝動觀。戒於鹵莽。拙而藏之、不拙。能而示之、不能。勿恃己長、恃己長者必敗。勿攻人短、攻人短者必仇。勿忘恩。勿修怨。勿賭博。勿嫖遊。勿袖手旁觀、不濟君親之窮。勿冷眼看人、不救民物之命。勿奪人之愛。勿乘人之危。知足知止。守黑守雌。剛以、行男子正經。收斂、是丈夫作用。世多服修身修法之士。天不負苦耕苦讀之人。生財有道、莫用邪謀。成名有時、休衡命數。祈天莫如愛日。飾貌莫如修心。煩惱善類。難逭天誅。

心不負人，面無慚色。才高休炫衆。狀元只是三年。勢弱莫挑強。越王只消廿載。乖子獨腳，痴僕多扶。小心隨在去得，橫行縱有窮時。人無奈何者，天自奈何。机謀不勝者，造化自勝。爲人要做好事，陰騭在行方便。

## 言行録

張添祐

凡人教子傳家，不外忠厚清白四字。忠厚之人，有幾分福澤；清白之人，有幾分正氣。刻薄者，天所忌；邪僻者，神所誅。人生天地間，話不可說盡，事不可做盡，心不可使盡，衣不可穿盡，當留此不盡以貽子孫。祖宗之澤，吾享者是，當思積累之難；子孫之福，吾貽者是，當思傾覆之患。凡人喜極無窮

言怒極無可言辭極無可言喜極之言可。知。似。怒極之言可。知。禮。辭極
之言。可。招尤。招怨。吾家子弟。宜讀、書、耕田。作吏作胥。俱易害事。試觀田
舍翁。雖粗衣淡飯。父子夫妻。團聚一室。自有真實受用處。

## 垂裕後昆文

沈如筠

禮始諸飲食男女。道本於孝弟忠信。女正內而男正外。天地之大義。言有
物而行有恆。聖賢之本根。自古萬義先萬恩。近于治家乃治國。法積
生刑罰。家和產石麟。百忍百讓、化強暴之端。毋方。惟勤惟謹、堅跡狂之
藥物。接書香世、庶訓子。孫清家庭世、首端閨閫。因心懲悔。不可作勢凌人。

一味安常。但要臨机应變。傳家起家、孰如讀耕两業。移入极帝、云出仁義一心。存心自有天知。積善何須人見。和隣睦族。則救護衆多。課子隆師。則學業長進。早納税、早盖墻、公刑私怨不及。慎言語、節飲食、外益內損齊蠲。將勤補拙。以勞祈災。男務農桑。夜功定生百福。婦勤紡織。一布可設千金。淡飯耐久。粗衣緩穿。福勿享盡。留與兒孫。常戒暴以福基富寡物以延年。時時要畏天懼法。處處莫利己損人。須淀雜委克己。莫去窄委擠人。利令智昏。謀因己拙。一念不謹、貽千百日之憂。一己逞快、激千萬人之怨。累絲免凍。積谷防飢。勿暴殄天物。勿拂逆人情。脫雖須藉名賢。

救荒豈無奇策。親戚宜念、婚姻莫厭貧。立碑垂久、祭祖報本根。儒共以顯親為志。肖子以克宗為榮。莫學浪子風流、痴兒攢尾、均致傾敗。須念前人創業、後人守成、因一艱辛。怠然一日、即是勞苦一日。安靜一生、便可享福一生。挽天心、在盡人事。光門庭、惟有讀詩書。清、慎、勤三字。官箴即是家箴。貪、嗔、痴、誅念佛戒何殊至戒。

## 改過箴

鄭璧

人生有過失、貴乎自知之明。倘不自知、則必自是。然而知過非難、改過為難。言善甚易、行善不易。此深与遷改之宜勇、而且宜速也。昔仲虺之贊揚惡揚。不稱其過。而稱其能改。過。吉甫之歌誦周宣。不美其德。而美其能補闕。是聖賢不以無過為貴。而以改過為貴也。書此以自儆。

## 漁家樂

進士官通政　董禮

漁家樂。漁家樂。山間明月。江上煙波萬。牧声欸乃西崖下。細鱗巨口。一任網羅。波心裡錢收幾放。幾滑躍。向夕陽古渡。小艇輕過。綠楊深處蓼花坡。滿載歸來歡笑多。怡呼童。拿幾尾白鱗青鯉。換幾壺玉液金波。這朋那友。張弟李哥。猜幾個狀元謎。唱幾個河鯉歌。只吃得東倒西歪。大醉也麼呵。大笑也麼呵。管甚麼興王定霸。一任他大地山河。子陵灘上持竿。穩。渭水溪边生計活。古往今來名利窮。到此時地待如何。漁家樂。漁家樂。

## 睦族文

都堂　張必貴　添裕之子

祖宗積百年之德。乃有吾儕。宗族原一人之身。豈容他視。老老幼幼。而風俗美。親親長長。而天下平。人以安祥為福。家勿作法於涼。小嫌不足介意。大節固所關心。孝順便是太和。含忍即成雍穆。天道闇而难憑。人事終當為善。積善成名。積惡滅身。福不双至。禍不单行。天理昭然。冥報不爽。棄子救世忠厚。積傷如祖子不及如雜。祖子駒行已忠。而後世子孫卒以誅夷。此陽世之報也。房杜生平勤苦。傳及於後昆。不守其祀。後昆居官酷烈。而七世子

孫皆賢。此及身之報也。天地鬼神。尚許人改過。宗族骨肉。豈肯人怙終。忍
厚乃裕後之謀。慘刻為造物之忌。總要聯氣脈。綿一本。子孫之世澤遂
長。修坟墓。立碑銘。祖宗之傳聞。愈遠。殊骨月如仇。讎。是甘心敗家之究
孽。待宗族如犬。馬。如遺臭萬年之禽獸。纔急人所時指。扶持理所當然。
大可惜也。是饑寒困苦。最可憐也。是鰥寡孤獨。憂患與共。扶恤之偏多
財厚亡。休誇眼前。為人睦宗合和族。一定日榮（汝光）。凡事念祖。宗。祖宗自然默佑。
代儆戒子。孫。子孫必近任（仁）厚。千載家庭安了。日。百年富貴埽盡。時。思之思之
讀此文令人毛骨俱竦　刻薄家　庭其宜早回頭　湯本西記

# 交誼論

巡撫 張尚德 添祐之 孙

人不可無交。亦不可濫交。濫交者、其、始不擇。其終必敗。此交誼往往難全也。大凡先濃而後淡。先親而後疎。先近而後遠者。小人也。先淡而後濃。先疎而而後親。先遠而後近者。君子也。世之交友者。徒取快於一時。而不深慮於其、終其、始偶因意氣之投合。輙為之具雞黍。設酒殽（饌）出妻子。傾肝膽。雖芝蘭云以喻其、和。金石云以喻其堅。惟怒心之不誠。性之不洽。未及幾時。偶爾一言不投。一利不均。一食不同。則怨怒斯生。而厭斁之心已形於外焉。昔日出妻子者。造之而為是非之根。傾肝膽者。蓄之而為訟訐之章。向之和且堅者。反之而為干戈之器。其且說此。易之而爲戎莽之伏。其仇怨之深。何自相尤無已時也。是故君子貴擇所交。尤貴慎所處也。與汙人處也。如雪入墨池。雖皎如水。其色必污。與善人處也。如麝入香囊。雖離其身。其香不減。此君子所宜深戒也。吁。交誼之道。於斯爲難。可不慎歟。

## 忿慾論

張輅

今夫修身慎行也。不懲其忿。不窒其慾。未有不爲學問性情之累者也。蓋懲忿也。戒勝心也。窒慾也。止私念也。能戒其勝。則忿不生。能止自私。則慾不起。忿不生則心自清。慾不起則心自靜。心既清靜。則天君泰然。而道自存存矣。忿而不懲，則陰火上炎；慾而不窒，則陽精下洩，流浪於生死之場，沉溺於愛憎之地。此乾坤坎離所以交戰，而五官失其用，心思失其倖也。試求之卦例：蓋坤乘乾之一陽而為坎，乾乘坎之一陰而為離。離積一陰而生忿，坎積一陽而生慾，二者交攻。外則牽物，內則耗神，而能保合太和之道矣。迷故懲忿窒慾，此聖賢之大學問也。在丹家則為取坎填離、水火既濟之理；在釋氏則為回光返照、空諸色相之說；而在聖賢則為存理遏慾之功。故齊性者必治情，善治情者必懲忿窒慾，以為修身慎行之本。

# 正鄉賢祀典與邑令書

熊廷弼

鄉賢一祀，所以奬忠賢、崇功德也。今日鄉賢，大率出於有力子孫，諂援勢位，要遮掩門戶，及無恥生員，餔啜之計，共於成之，絕無足為輕重。羅念菴以吉水鄉祠雜駁，所祀非類，恥其父與之同列，因奉其主以歸。此仁人孝子事親如天之心，以事死如生之心也。鄉黨自好者，生時必不肯與市井無賴為伍，死而魂氣有知，何獨不然乎？明初曾泰、章皐、張誠，三布衣也，高祖洪武於馬上知名，召見定鼎金陵，即拔洪什伯庸流之中，其道行學問冠於天下，為江夏入祠第一，生而膺誥敕，沒而祀於鄉，宜也。而不有其何附楚宗羅點、張詡之祀，削其戚名。無人品心術久矣。蓋楚藩與張匡搆怨日深，故羅織祀。並削其名。不入縣誌。

然公爭之不得，因與給事段從有隙，段乃楚之黨也。後又與楚之戚仇段深，江夏生員段追文之從祖父，父兩聘。深考陶汝由貢生任衡陽縣訓導，著有陶汝文集。考段從字幻從，萬歷乙未進士，授南平知縣，調吳縣，守荆溪，補輝縣，所至有異政。遷南户科給事中，屢獻讜言。令楚宗華越奏訐奏楚藩，從上疏直華越，四明沈一貫忌之，謫江西按察司知事。久之，遷兵部員外，歷官以氣節聞，朝野憚之。

## 靈泉八大縉紳總序

沈寶之

蓋嘗讀漢書曰。太史公曰。古者富貴而名磨滅者。不可勝數。惟倜儻非常之人稱焉。誠哉是言也。余靈泉山。自漢而晉而宋而齊而梁而陳以及唐宋元明。鵬搏鳳翥。雲蒸霞蔚。惟樊李張沈鄧曾林董爲尤盛。人文薈起。科第綿連。

約舉一二。餘皆可見。坂乎時、杜有方伯宗晦。沉埋隱於如鈞。探花添諸、郝張氏才子。翰林卲智、號卲家神童。曾子泰、以秀士而徵尚書。董子礼、由進士而爲通政。居給事中、北有李時亮。陞巡江道、北惟樊時中。人盡垂紳搢笏。堪作朝廷砥柱。家皆敦詩說礼。永傳台閣聲名。猗歟休哉。何其隆也。不意賢才方盛、而大道〔盜〕旋起、乃楚藩昭、莊、憲、康、安、靖、端、愍、橫行肆虐於八家。毀其碑坊。据其故址。奪其宅第。視其流亡。則蜂蠆荼毒之餘。倘所謂女思熊手中國。殿怨以爲法也。是耶非耶。不信然耶。沈子曰、嗚呼。自古名公巨卿。忠臣孝子、烈女節婦、衆矣。未有盛於斯地。而抗未能免其害。其他則又何說。想世路之險〔嶮〕巇。橋踰淮而化枳。自是而八家子弟南轅北轍，已未免於陵削矣。然而左傳曰：公侯之子孫必復其初。此又何以稱焉。予故於同人有厚望云。是以序於凌雲峯之南軒。

## 樊氏族譜序

張添祐

溯東一代之興，必有一代從龍之臣，以先後輔佐，以成帝業。漢興，武陽侯樊噲與高祖同起豐沛，身經百戰而有天下。當論功之日，而噲獲封侯。河山帶礪之盟，與漢同久遠也。噲死，而猶稱樊建。卽膺王爵（封楚王），遐邇隆矣。既而高后握政，厚封於楚之（噲夫人呂嬃，高后之妹也）。江夏、黃、武，地跨三縣。建之苗裔食采弗息。其視彭韓誅夷，為何如哉。建孫樊伯好文學，內而慕古道，一洗武功之習，而克登俎豆之先，緒振兩漢，戶居三山（樊泉山、大岐山），由晋而唐（曲唐），而五代，而宋，歷千有餘年，而上祀宗廟，下保子孫，以垂裕於無疆也。蓋承祖宗世澤（法）長，計余家蒙宗高宗褒封，賜我先人忠文公廟祀，公居靈泉，結姻巨室（芸叟娶樊宗女），子孫世講通家之誼，篤姻睦之行，於今二百餘年矣。我皇明，樊時中、鍾靈泉之秀，羣科第之榮，足為祖宗光矣。有黃岡族人樊時夏重修祖廟於靈泉山下、聽松閣之側，原因旧址而增其規模，廟成，請序於余。余思樊氏以侯王之苗裔，江夏（洋）之故家，而後世子孫能追念先世之祖功宗德，匪徒煥廟貌於一時，將以永祀（世）於無窮；匪徒紹禋祀於往古，將以垂重名於不朽，則作孝之念生於思，而作忠之念亦生於

迷知洪武二十三年，樊氏族人鐫此序於廟碑

## 樊氏譜記

張添祐

漢武陽侯樊噲，產於徐沛。幼而學劍，有大志。畧長而從沛公遊，致成帝業，身受封侯之榮。此事匹夫事耳。然論其祿命，乃屠狗之輩，蓋淺卑小人之與也。夫擊劍扛鼎之雄，固力士所優為，而百戰殊死，加一言屈羣策，即智勇又何以加。吾觀鴻門飲宴，沛公危如纍卵，噲侍其旁，一時英雄怒目斂手而莫敢與抗於漢高之前。世不知噲為何如人耳。樊時中之譜出，噲苗裔於傳，武昌為樊封侯地。故有武陽樊侯之名。樊山、樊湖之稱，遂已而說。其謂靈泉為噲也墓，樊山為母也

塋。吟世樊氏子孫，所世守而祧祀之地。余甚然其說。余先世祖張芸叟，自宋建炎時，立

靈泉。得樊氏故地。其樊氏衰微無幾。則知此地為嚌也奚疑。今樊君時中，官巡江浙洪武甲十七年

子獲鄉薦，以明敏之姿。崛起之英。而能魁梧奇瑰若是也。即時中屬余為之

作傳。余曰，勿庸也。請登諸譜。使子孫能知其由。不由先愈於作傳乎。時中曰，

唯唯。請以記其事。為我書之。然則後之讀樊氏譜者，更不知為寓傳於

譜。寓譜於傳之意也夫。

# 樊氏譜跋

成化丁酉舉人　張才　淩雲

吾嘗讀秦漢傳，竊嘆高祖當年所以威加海內。固誠大臣之力居多，然從龍初起。得乘勢而有天下也。獨以樊噲、酈商、夏侯嬰、傅寬、周緤、灌嬰、滕靳，誠臣之功乎。方其鼓刀仆御販繒之時。豈自知其附驥之尾。勒功帝籍。以慶流子孫，而卒能輔沛公取天下。收強秦。屈雄楚。建千秋赫赫不朽之功也。噫，此輩人耶。嗚呼，士可世類拘乎哉。之七子也，餘不具論。惟噲也，建言立功。有能人所不能也。於三事。一諫沛公不留咸陽宮。一數項羽於鴻門宴。一直排闥而諫，以攝。其卓識偉論。殊非文墨豎儒所能及。列爵分土，澤及後裔也，不亦宜乎。謹爲俚語，以跋於譜序之後。

# 樊氏宗譜（派）序

曾泰

武侯噲子伉嗣。而伉母呂嬃亦為臨（臨）光侯。高后時用事專權。大臣皆畏之。高后崩、大臣誅呂嬃等。因誅伉。舞陽侯中絶數月、孝文帝立。乃復封噲庶子市人為侯。復故邑。薨謚、曰荒侯。子佗廣嗣。六歲、其舍人上書、言荒侯市人病不能為人。令其夫人、與其弟、亂而生佗廣。實非荒侯子。下吏免。平帝元始二年、繼絶世。封噲元孫之子章、為舞陽侯。邑千戶。史記樊侯、係伉之子。今時中族譜云、伉兄建弟也。未知孰是。姑誌之。

# 靈泉山李氏録

李臻生

唐舍人李暄。原居江夏之洪山。即今之修淨寺。其父李北海（名邕字太和）元宗（明皇号）賢其才。欲大用之。李林甫忤相嫉。天子詔以赦之。竟殺其家。舍人移居夾山。今靈泉寺是其居基。舍人暄生子御。御生子栻。栻子李璞、（栻之子字景生）爲唐狀元（昭宗号）時。閬苑家有萬卷書樓。璞子李沉、、、、俱爲宦官所害。其侄基自舍人時、已施爲寺。僧出燒即舍人弟李同（河南上河太守副都御史書院）、（宋時人）李國昌休官歸里。自稱祔老。生三子、長李康、侯爲河陽守。康年爲監丞。康直爲員外郎。唐相李御葬九峯。風水最綿遠。仍建昭王殿、稍爲寺。宋李宗孟十一舉神童。元時不時仕。明李磴、爲楚藩昭修賓。李時亮、洪武庚午舉人、官給事中。李元善、李英、俱

## 洪武己卯科舉人

洪武卅、戊寅年薦己卯科、與係建文元年、永樂登極、以建文五年正朔貫於洪武年號、

攷李氏宗派、李善字次孫、生子李邕字太和、邕生子李暉、李洞、（暉官舍人，洞長沙太守）暉生子御、字建侯、唐天寶末進士、肅宗時為校、以太子太保致仕、卒年八十、生子長諫柱、官浙東廉察、次子諫棫、官鳳翔節度使、棫子璜、字景望、唐昭宗乾寧為相、生子沉、字東濟、負俊才、棄家貲數十萬金、搜求天下古今秘書、不敢自私、盡付梓人、以公天下、則書之類、以不朽者、李沉之功也、（沉字沆作）（沉字）歷宋元明代、為文人、仕宦繼起、豈非為江夏東鄉之源遠流長者也歟、半思記

# 張氏宗派

張尚德 添祐之孫

董通政（礼言通政）家書曰、嘗溯張姓淵源。前漢自清河徙陽武、至張蒼為丞相。後漢遷鼓城、至張皓為司空。其子張綱（字文紀）為漢名臣。晉遷山東。唐遷洛陽。宋遷汴梁。至張耆為宰相。張燾為參知政事。燾後一支、入籍江夏。皆為望族。吾（吾指董礼）家連姻廿凡四世。下婚姓、須詳其家、不可忽。若某某姓、暫得富貴。庸庸流俗耳。予其慎之。以後屬家事、不可錄。

此文係董礼所書家信、以勉家子弟、勿亂結婚、言董與張連姻凡四世、前序張姓由來、而張尚德述之、見張氏之宗派如是。

# 張氏世家譜序

沈如筠

張氏者、黃帝之苗裔也。昔軒轅有熊氏第五子、名青陽。居清河。主司弧。賜姓為張氏。歷數百千年。帝降而王。王降而霸。世運遞更。賢才迭出。而黃帝族氏、且遍天下焉、法有餘也。嬴秦之末。張良崛起於韓魏間。為開國之王佐。漢將襄、張綱奮背於讒邪中。為振世之良臣。而張氏之家風。不已由來遠歟。余友張孝廉君、授譜所載。傳流良久。每懷抱殊守缺之恨。而大要以宋元兩朝。其人物事業為最詳且切。上與學士大夫猶詠歌其軼事、以傳誦於亘衰焉。如筠雖不見古人於當年。而獲覽遺行於今日。就此稽古人焉。爰述筆之譜。庶亦見張氏之淵源、有自來。亦以見忠孝節烈不絶於理義之門云。

## 張氏族譜圖述

沈如筠

張氏譜圖，出自漢丞相張蒼，以身歷其區，而手之裁之者也。蓋蒼去古未遠，攷核甚詳，所以朗若列眉。謂某屬某郡，係黃帝之裔；某屬某郡，非黃帝之後，不敢亂其於圖其。誠甚重乎神明之允也。後漢張綱，字文紀，得張蒼譜圖，藏於祖廟，名為張氏家乘。其文詞皆漢丞相所鍛鍊而成之。今其文缺有間矣，而僅有遺圖之三焉。宜乎後人執卷徬徨，不禁掩卷而三嘆也。筠嘗讀其譜，而見唐貞觀初，有若張寶相，其為時名將，有功於唐。與江夏王道宗、破朔方、擒可汗千餘人以歸，飲至策勳，豈不巍乎。延至殘唐五代。傳入絕少。新譜固稽矣。及炎宋受命，英才輩出。其時賢於良者。類聚於門。忠臣孝子。多鍾於家。節婦烈女。疊見於族。而勳名最著者。無如張耆（宰相，文莊）。文學最優者。無如張壽（孝王，文節）。忠義最優者。無如叔延。孝節最奇者。無如王阿（狀元，張棟）。（妻王氏遇金兵投井盡節）、兄弟死難者。無如伯奮（弟仲熊同死難）。母子盡節者。無如張棟（母蔡氏同盡節）。此謂固於忠義無双。翰苑文章第一家是也（宋高宗請，康年賜）。當金虜破國。天子蒙塵之日。奔走江夏。獲有盗字。不可謂非天之留貽也。伊惟舜氏（字熙叟）。築室靈泉。垂創業（基）。恢宏世緒。肖子賢孫。光前裕後。百有餘年。暨我張誠。文行高雅。才德超群。遂生添祐。磊落多英。余女是裕。光大門庭。必於斯取。此忠貞之獲報。亦積善之餘慶也。時洪武戊申元年。春三

月丙辰上旬故元裔士沈如鈞魚回氏序、

## 張叔夜忠文公記

張必貴

遐攷忠文公張叔夜、在宋哲宗朝。以經學明儒術。以韜畧通武藝。及登進士。明於吏治。當世士民咸以偉人稱公矣。歷徽宗朝、四隅鼎沸。盜賊蜂起。朝廷以公為樞密。招討弗遑。尔時征方蠟於睦州。服宋江於淮南。誅張仙於山東。擒李成於北海。討高托山於河北。破金遼於長城。其智勇才畧足以康濟時艱如此。暨東京受圍。父子勤王。身死白溝。其忠肝義膽。卓然貫長虹而寒星斗也。公沒後、羣賊復叛。使天下徒深想望而已。惟将起公於地下。何可得耶。

# 張叔夜墓地攷

湯銘新 半品

按張公叔夜，字嵇仲，其孫舜民，北遷江夏靈泉山。溯其初，係江西廣信府永豐縣人。官龍圖學士。金人南下，率二子伯奮、仲熊，舉兵勤王。及都城陷，遂擄至白溝河。仰天大慟。絕食而死，謚忠文。伯仲二子，痛哭自刎。三子諫棣，係狀元，為咸陽太守。引兵起汴梁，遇金兵於太白山下。亦不屈而死。宋高宗建炎丁未，敕封叔夜為威靈王。伯奮為忠義侯。仲熊為忠勇侯。棣為忠宣伯。其叔夜墓地，余讀廣輿記。猶在廣信之永豐云。

寄張仁一添祐查譜書　　張添祺（義二）

讀宗譜所載，宰於張者，生壽熙，壽熙生熙熙，熙熙生叔夜，叔夜生伯奮、仲熊、季彪，俱死宋亂（徽宗世）。季彪（諱）棣，生子張瑕（字）舜民（號）芸叟，避亂至漢陽，轉徙江夏，世居靈泉。此先人手載筆定者也。祺於洪武廿五年見一族，出兵部侍郎張壽熙之後，索譜視之，始祖張者生張默，默生叔夜，叔夜生伯奮、仲熊，父子俱死難。壽熙生張棣，母死無乳，養於伯母蔡氏。叔夜撫立為己子，中大觀（徽宗在位）狀元，補西安刺史。棣妻王氏生張瑕，得免難。天留之也。張叔夜父子在汴梁受圍，被金虜北行，死於涿州白溝，其地不同。壽熙已俱叔夜之諸父，非叔夜之生親。自建炎元年（高宗丁未）叔夜沒，沒至紹興九年己未，高（高宗於本年改元為紹興元年，自元年丁未至己未，共十三年）

宗遣兵部侍郎張壽，詣河南修奉陵寢。壽還，奏曰：金人之禍，上及山陵，雖殄滅之，未足以雪此恥，復此仇也。因極言必不可恃和盟而忘復仇大事。帝問諸陵寢何如，壽不對，惟言萬世不可忘此賊。覘之先後諸錄，則壽乃叔夜之父明矣。先府君孝廉，不幸遭元末大難，挈家走江西，涉鄱陽，遇風波，毀湿族譜，脱遺錯訛，無從改証。今查孔子岡及餘干縣合二處譜牒，宜改正，乞孟先仁一查閲。吏部答曰：張壽祖籍河南，而江西注四，二處又有壽之子孫，安知非彼之訛耶？不如仍旧為是。

# 約同宗議修譜書

張添祺 義二

祺攷芸叟公在宋欽宗時，舵金雞、奔至靈泉山。地屬江夏，而東村譜直書漢陽鎮。自宋至元，家有八百丁，大不可解。及訪長老問之，所傳宋建炎間，有本宗一支居於漢郡。此但口傳耳，渺惜譜無所知，亦不詳其為何人。吾家世居江西，亦有逸民叔庵第叔文之子一支，居黃岡。歷元明季，湖廣大亂，先人張公養浩與靈泉人家一同避亂至江西餘干。後從江西，凡十五年。至洪武皇帝定鼎，安插於江夏、武昌、漢陽。故地今子姓漸賴，約今三邑齊赴靈泉，同議修譜建祠。或分或合，專候孟晃仁一先生裁，下第祺拜。

養浩，封賓國公，謚文忠。壽年六十，疾終，詳載綱鑑。浩當元文宗時，為西台御史中丞，關中大旱，禱雨輒應，禾黍自生，蒸民大喜。嘗著書三卷：一曰廟堂忠告，二曰風憲忠告，三曰牧民忠告，言居官之道。子引，仕南台御史。

## 遷移總記

張添祺 義二

夏商周三代，世居清河。秦居雍州。漢初居彭城。及陽武。晉初居廣陵。唐初居開封。繼居壽昌（即武昌）。宋居閩浙。久居汝陽。又居廣陵之永豐。宋時南渡，始居江夏之靈泉。元末避亂於饒州（江西），始發餘干。後徙涖興。大明洪武元年，余兄弟宗族分居江夏、武昌、黃岡、圻水、麻城、漢陽、石首（以等處）。凡七縣。（後石首張璧，號別山，北為閣臣，嘗到楚蒲踏勘靈泉地界，與靈泉山張氏不紊，於並實）

中除夕誌，係張伏一字退菴之後人。

## 沈氏世家譜

張添祐 仁一

古之族類既繁。帝王為之賜姓。姓之本乎所生也。伏羲生於華胥，以風而為姓。

黄帝生於雎水，以雎而為姓。後世立姓之由，實祖於三皇五帝之世，以人各有所主。即各有所祖，叙人倫，厚風俗之美，莫大於是。而姓氏之傳，昭彰於萬世，俾有所考也。沈氏一譜，雜見於傳記，不及彈述。昔我沈公諱如鈞，字與回，號開平先生，初自元英宗至治二年，成進士，歷順帝至正二十三年癸卯，陞覌文殿大學士。與首相伯顏哈麻有隙，為相僅十月，屢疏奏未納，謝職，掛冠而歸，隱楚黄黄陂，後裔徙江夏，居靈泉山。凡三代，其宗譜已散失。金元兩下，木主所載，此猶可歷稽也。相傳先世祖沈諱字佺朗，於宋高宗紹興三十一年拜右相。諱父文通，曾舉進士。文通生諱，諱卒於宋亡之年。適孫沈裕還南昌，生子名曰南昌。昌生約麟，麟生東川，川生蘊川。川生炯。炯生沈英約。約生我公如鈞。公有三子。長道宗，祐兄添裕遹繼，爲姑母承宗；仲道倫（鈞次親生之子）；季道紀（鈞弟如松之子出繼）。生女，曰道庵（張氏安人所出，郡中夫人所生）。宗子姪兄弟派也。而參荊其遷。（制義邑遹康係添裕長）又如篁，比字鳳苞，號東平，公同母兄也。篁生三子。長啟東，次啟楚，次啟南。東子沈梅，爲西楚令，仍居長洲地。楚南二人，英開平偕來也。楚之子耀烈，幹年最幼，求諸序。且曰：不以筆墨不光予諸。余驚叱言曰：是兒果名家子，紹箕裘於宗而誰也。余遂爲之歷叙其世系，以不忘其所自出，不以見龍鱗天種，偏鍾於世族之家，而草野文章，竟傳於公卿之論。宣德一二月二日上流靈泉探花官吏部尚書。張添祐序。

# 沈氏宗譜

張天泓

宋進士沈文通、生該（字佺期），該於宋高宗時拜右相。生子恪、遷江西南昌府、生子遂名南昌。昌生子朝麟。麟生子東帆。帆生子臨川。川生子炯。炯生子與約。約遷長洲東平里，生子必望、必錫。望居東平里。錫居湖平里。因避亂。元末從江夏張添祐之兄。添祥過繼沈必錫爲己子。更名道宗。年至五十。慟哭思親。守父張誠墓十載。風雨不閒。坟上無一宿草。里稱張孝子。故歸家、復張姓。浮棠荊灘祭田四十畝。九峯大庄三十畝。太平庄五十畝。並張誠湖等處。祥字亨一、生五子。一必達、字九陵、二必顯、字九石、三必貴、字九疇、四必遷、字九如、五必昌、字九徵。玉曾孫天泓、因甚藩搢、換靈泉地。遷居太平莊。張誠沈、改姓沈。今又移居龍泉土地塘。張天旂、天林一支，移居沈東菓合橋。俱屬江夏。餘不盡錄。曾孫張天沉記。

# 沈氏源流譜

沈雲塘

開平、沈如符，字無回，號嵩菴。喜遊嵩嶽，登高作賦，故自謂嵩菴居士。原籍南昌。父興約、徙長洲。（洲今呼地名開平亦小平）開平自元末、又徙江夏。與靈泉張吏部隣居。公以長女道廉娶之（肅夫人申氏所出）。公將無嗣。過立張誠之子添祿為嗣。更名道宗（侄為兆一毋兒）。公有弟如松，生道綱、道紀。以次子道紀爭立為嗣。公暮年生子道倫（後娶汪氏所生）。道宗仍承張祧。道紀亦承本支。各歸其宗，不相紊也。道倫有一支，為楚藩播越，遷居黃陂（倫有二子，一民望，一民仰。仰生二子，宗文、宗武。武生一子宗周，詳沈宏基誌銘中）。獨宗武一支居江夏省城。

（料近黃陂北大約述宗支一支）沈天爵一支居青石鋪，此開平一支也。開平胞兄如篁，字鳳苞，號東平（因長洲池名也），（因名号）生三子：啟東、啟楚、啟南。楚、南二人自元末同開平徙江夏。楚生沈璀、沈烈，二人皆名士。南（善詩畫，元名士）生沈承，字君烈，頗有才名。沒有可璋，字孚達，及世昌，皆歲進士，居縣市東之子沈梅，為西楚之令，仍居長洲。其裔沈孟新，明洪武初又徙金陵，始為應天府上元縣籍。孟新生原孝，娶舒氏女，有賢聲，遂生沈鍾（宮起按），字仲律，號休齋，生而穎異，博達古今。天順丙子舉人（江南中式），庚辰進士，由禮部主事陞山西按察副使，改任湖廣，又陞山東三任學政。不事生產，清白傳家而已。其弟沈鎧，為兵部主事，養母於金陵（仍居原籍江南上元縣）。而鍾獨居江邑之鄂城（入籍口下），二十七年間，以著作傳世。自號為黃鶴主人。鍾元配趙氏，繼妻徐氏，俱無出。復娶周氏，生三子：長諱寶，楚靖王以女娶之，是為儀賓，襲封中牟邑主朱氏。次諱貴，宏治戊午舉人，己未進士（號江夏），任饒州。三諱貢，居九山，今中州嘴是也。鍾之孫時登，長而賢。次時益，不能文。時正、時望，善詩賦之學。時瑩，有才能。時量，有雅志。其族裔學山、學海、學鳳、少岡等，皆佑啟我後世也。此東平一支也。

## 鄒氏由來錄

仍鄒氏，始以軍功出身。鄒衍泗，隨楚昭王分封入鄂，不居靈泉，與四川鄒智（字汝愚，號立齋，中岡解元，官翰林，四川合州人）同族。嘗讀書於靈泉寺。出鄒彥魁，中天順壬午科舉人，恩賜翰林。鄒繼魯，楚府儀賓。鄒振奇，拔貢，太常寺鄒彥魁之孫，儀賓鄒繼魯之子，大有志節可嘉。邵林森換地於楚府，請旨遷居於湖東降仙橋，禍自正統年始，前崇禎尚居靈泉。

## 靈泉曾氏譜

曾先

曾氏者，古山東籍，大賢曾子輿之裔也。自宋初至荊楚，祖居靈泉山。元明間，曾養吾沒於任。（曾太妻潘氏生二子，長秀君，次應彥。）陳氏守節，（養吾之妻）朝廷立坊以旌之。維我曾公（諱）養隱居樂道，不苟進於濁世，而德行學問卓然，稱三楚之首望。洪武壬子，始被曾徵、辟，爲翰林首選，官戶部尚書，爲江夏文學之祖，科第之魁也。至天子重知名士，賜聯秉正，太子諸王咸賓師之。公族弟曾冕、曾敬，永樂甲申舉人，第進士，官吏部僉事。

官至太守。元孫仲賢。正統初舉明經進士。擢換任基於楚府。與教諭潘繕、同徙土地塘、黄陵山二處。九世孫、允舉明經。至萬曆初、曾公守礼。蒙恩拔授遠安通判，後任岐山縣令。族孫曾先、序於靈泉入鄉賢譜中。

## 靈泉董氏録

董本漢賢臣直不疑之後。附姓為韋。宋末居靈泉。元隱士韋阜、號陶谷、至洪武壬子年、太祖徵辟為學士。歷官刑部侍郎。皇上賜姓為董。董礼、永樂甲午科舉人、任教諭、歷官通政司。又潘繕、本姓董、成化丁酉科舉人。為外母立嗣。楚之府擢換靈泉里。今土地塘是也。直、韋、董、潘四姓同宗。

# 董氏族譜

明韋皋、號陶谷先生、原姓直、漢賢臣直不疑之後也。後世直亮、仕於唐。戰死異域。其子孫宦仕韋川。（不知何州）遂以韋爲姓。至元太祖住於靈泉山。明洪武初、韋皋以秀才而被徵辟。賜翰林及第。與曾泰、張紞生同鄉而舉同時也。上問皋曰、爾父何名。對曰、臣父名韋董。上曰、何必韋氏、言董可也。因賜姓爲董。説者謂先生爲漢時董仲舒後裔也。

## 董氏宗派

皇明翰林韋皋。洪武壬子徵辟、官至刑部侍郎。娶張氏、諱玉瓚。吏部張添祐姑母○賓王張養浩之女○（與沈為內姊夫）董開鼎、字受一、文學生、妻李氏、第進士官都堂李盛之女○葬左極途龍塘墳之東○地名喜雀林○李氏、黃氏在右○外墊園之廣數十畝云○

## 靈泉杜氏錄

杜氏、本唐封江夏王李道宗之後也○附姓杜○以杜宗晦先人杜淦（音紺）、字孝先、居灵泉○宗晦中永樂甲申進士○官布政○杜勝宗、永樂乙酉舉人、官知府○杜竑、天順丁丑進士、官參議、大夫○因事被抄○闔室充四川重慶府軍○後入改姓何○何源、何清、何諒、何炘、俱科甲○李、杜、何三姓同宗○

## 杜氏宗譜記

沈寶之

宗梅者李姓也先世唐王道宗封江夏王居靈泉山今墓寢之左其地寬平者即其遺址也後世以王道宗稱戚以封江夏王爵子孫因以爵為姓故曰王其後傳數百年而中葉衰微出附外家杜氏給以田宅贍以衣食遂依外家而姓杜自杜淦（淦字孝先）孝先始也迨公膺貴顯王姓宜復而杜恩難忘宗梅公以二夫人例代子詠源繼之此後世所以姓何也然則李杜王何四宗名雖異而實則一也

按鑑李道宗係唐高祖之族弟也

## 馮文簡宗譜總序

宋處士江夏靈泉人　張昇月台

秦大國也馮公族也出陶唐伯益後與嬴秦為同宗世為秦卿居陝右其地多

高山流水。吳西陵氏為嫡。舜生儁異，善屬文。娶於農。壯年三十，善騎射。喜涉獵，慷慨有大志。西陵甫薦之官於朝，達於殷莊襄王，有寵於舜，得錫為公，封於鄂，使鎮楚。及秦亡，失其封邑，隱於民間。善自韜晦，漢兴無所長，惟時大漢封英王於楚，知舜賢，復其故宅，終身以禮遇之，全其壽考，葬於蛇山之陽。嗣是而後，子孫不絕如縷。至孝平，仕於南陽，後遷河北。馮異犯罪遇光武於窮途，脫於桔楳於巾車，其亡命之郭，即發跡之由也。帝有天下，異不矜功，故子孫得食其采邑，十有四世矣。東漢、草鼎、兩晉、五代之間，其流寓靡常，故難以世序矣。傳至皇唐，馮氏有達，乃福、乃壽、乃康、乃寧、乃

樊英

死於

刘秀拘致以毛兵巾車御馮異率五郡以降

京瑞二人廷選係宋
仁宗乙丑天聖三年
仁宗改元九

蓬萊仙島，以至於此，是名大善，克配於蕭（壯者 情），終唐之世，永無禍難之加。
皆好善之德，有以貽之也。遞傳而下，三畏皆登仕籍，注意江夏，後獲故土，屈
指計之，數百餘年矣。其第三元宜，遊西粵，兩地異居，約有五世，唐虞二公，追思
本原，來居鄂渚，與亨陽握手，言及往事，未嘗不彈泣以三歎也。歷貞、武、
觀、鼎、而至四法（馮商），垂緒百代，而纘承祢光，富有萬鎰，而好修愈懋，繼我程
奕、（武）父子濟美，才居千人之俊，名冠多士之魁，繼我武之（名奕）堂構重輝，
心種良田之德，身登金榜之科，其德行優於天下也，其文章亦優於天下，
功名甲於天下也，其事業亦甲於天下，歷歷紀之，是皆有光於祖宗，於大

於門閭。為奕世子孫也。永崇箕裘。增修厥緒。以光纘前人。所當繼序於弗忘也。爰述為序。時大宗[仁宗]皇祐三年、辛卯、十月穀旦、

## 馮氏舊譜序

朱熹　晦菴

余嘗仰觀乾象。北辰為中天之樞。而三垣九曜。旋繞歸向。辟比人君之尊。而無人不拱焉。俯察地輿。崑崙為華岳之鎮。而五岳八表。逶迤所盼。猶祖之親。而無人不朝焉。君親一体。忠孝之道。忘之者謂之逆。遺之者謂之棄。慢之者謂之褻。五行[刑]之戒。莫大於不忠。百行之首。莫先於不孝。為人臣者、當鞠躬盡瘁。為人子者當慎終追遠。不可一毫或忽也。余閱馮子譜牒。

上溯壯氏之源。下逮繼述之宗。叙昭穆以尚祖也。系所出以尚嫡也。序長幼以尚齒也。
列象贊。以尚思也。凡大忠大孝而能之乎。噫。世之去祖未遠。而懵然無知。愧於
馮氏比多。時大宋孝宗淳熙九年、壬寅、甲辰月、穀旦、新安朱熹晦菴氏序、

## 沼山賦

馮元銓 字廷魁

山起南離。文筆參天。治地名勝。號曰沼山。雄視四塞。一顧茫然。類聚名賢。
龍勢崢嶸。山拱水環。梁湖潆其北。茗山峙其南。中有一沼。清泓可鑑。上
有一泉。悝雨不常。蒼松修竹。雜蔭其旁。虞公宅兆。淪隱草莽。昔為台湖。
今為荒鄉。異哉此山。窈而深兮、廓其有容。繚而曲兮、如往而復。清風拂兮、

林麓幽美。以月照兮、岩壑參差。馴獸伏石兮、蛇龍蟠而虎踞。倦鳥投林兮、以鶴舞而鸞棲。時而松篁奏韵。時而蘿月映輝。時而花樹飄香。時而風雨淒其。古垣來淅瀝之聲。洗清一切塵埃。佛堂洞鐘鼓之音。驚醒許多幻夢。登斯山也。可以釋憂懷而舒嘯傲。可以消俗累而滌迷途。騷人載此而歌詠。名士作賦以遨遊。前賢於斯而肄業。先子於此而下帷。嗚呼。兩朝樓台今已湮矣。三元故里。名猶存乎。後之君子。憑弔古人。恍遇南國之英。訪求遺跡。如聞讀書之聲。不敢登高、以拙作賦。聊述俚言、以俟文人。

## 沼山月臺齋記

馮京當世

吾聞古之君子。生不必盡同方。居不必盡同里。苟德可範。學可師。皆當引為道德性命之交焉。余少從外傅於靈泉寺。仰觀此山。識龍蟠虎踞之鄉。而學士名流。頗聚於中。可以薰陶德業。磨礪人材也。踰年、余讀書於永豐驛。（今咸寧地）而所學友杜、李、董、曾四子、復卜選湖山之勝。築書齋於沼山白雲峽。從月台張先生為講學。喜其山高水僻。花香鳥語。日供於前。松聲濤韻。時聞於耳。而一步一趨。皆足以助詩書之樂。而淺心性之靈。京與先生、靜夜聞鐘。恍然此身在蓬萊三島中矣。京讀書之暇。呼山僧。烹香茗。把明月於樓台。引清風於几而想沂水春風之和。庶於因此興歟。

月台張先生，宗名士、靈泉鄉人、馮當世三還讀書、擇師取友之功居多、

先生自題于齋、為月台齋、遂欣然命余為之記

## 沼山名賢十友

張月齋 御昂　張月台 御昇　李宗孟 神童　杜平吾　董日

馮京 以上六人曾 江夏吳張人　元誠齋 翰林　元次山 以上二人 偉蕃岡　曾布　馮瑜 探花 居大冶

# 沼山記

狀元　馮京　當世

楚地跨山阻水以爲國。自衡岳而繞洞庭。其來山湧疊。皆奔赴長江。耳若通山一支。嵾嵾蔚蔚。過金牛。渡洪瀆。特起星宮。是不一峰。惟沼山數峰。秀色卓立於雲表。嵐光遠射於長湖。固巍然與龍泉而競爽矣。先公舜卿、登臨其上。瀏荊棘而斬草萊。喜其氣勢盤屈。如城如垣。其山平夷。爲池爲田。上有橫嶺、以枕高山。下有澗石、以挽流水。前有崖門、下以棲白雲。後有懸岩、以注瀑泉。虞公仰而樂之。因卜兆於此焉。余覽風景之崇隆。踵前賢之遺跡。作廟塔於岩阿。築書齋於幽谷。南望紫氣盈寶峰。東望紅日升扶桑。隱隱似別有天地非人間也。將於霧世乎。不過掛西山之芒屨。將於出世乎。實以驗普化之龍霖。余弟楚珍、（瑞字楚珍）偕李杜諸子、肄業於深山中。往往曠懷自適。絕不以塵世為念。白水盟心、自甘簞瓢。以天志。青雲繫足、惟見煙霞。以留人。展卷讀書、靜中見天、每會心於古人。策杖清閑、動中尋樂、遂忘於於宇宙。則日日之安其所安。適霧乎沼山之中。豈知可樂其所樂。不且超然於沼山之外也。執諸友好留情於山水。屬余言以記之。

# 山靈毓秀記 一作沼山記

採花 馮 瑞 楚珍

余宗自四德公（諱商）卜有通山，而巢乎金溪。百團公（諱澍）卜有沼山，而巢乎銅堤。二公各得乎山水之盛，因以爲號。（馮商號金溪，馮澍號銅溪）當時有生氣知興云。馮氏科甲兆於斯矣。家兄當世（京字）來遊於此，闢土爲齋，於藏修息游之暇，嘗有八景之詠。而元子、誠齋誦其詩，高其志，雅慕其爲人，因見訪焉。退語友曰：余見二馮，如獲雙璧。於是連帷榻，廿洩火比，五年矣。冬末，誠齋歸京師，官翰林矣。越三年，余與兄亦赴選至東京，接見於史館，懽然於平生，殊有形外之想。是年二月春，天子策羣英於金殿，以京登宏詞科，冠多士軍，而余亦舉龍附鳳於其中焉○尔時宰相慶於廷○百官慶於朝○萬民慶於野○東鄙人士○皆見顔色也○皆曰讀書之貴○其如此乎○而識者則曰○此得天之秀○得地之靈○得朋之樂○固如是也○因爲文以誌一時○於得益彰之雅云○

## 馮氏銅堤三元閣記

張月齋爲

古之成大名以顯當世○垂殊勛以利後世者○必始於根本之地而施其功○然後道濟天下焉○南郡有保安銅堤○實馮子楚珍之故里也○其地三山一水○宅近汙萊○民患病涉○馮子鑿石爲橋○橋成○建表爲坊○坊竣○一以榮君恩○一以利民行也○馮子與余立於平岡○東望金山○西望沼山○南望茗山○

諸峯揷天，萬岩競秀，雲蒸霧起。有文明之象焉。而北望則一片碧水，惟見波光瀲灔而已。馮子欣然謂余曰。多物於水口之中。壘石爲基，砌石爲台。勢如盤龍吞珠。立文昌義館。聘老宿名儒。教育羣材。誦詩讀書於其中。此余素志也。余曰：子之志則大矣。果作養人材，鼓吹休明，是大有造於汝乎。大有功於名教也。余雖老耄。拭目以觀其成焉。是年冬，閣竟成。余題之曰三元。汝之君子。履於橋。過於坊，以登於閣。莫不流連感歎。以動其勃然奮興之志。則人人意中。皆有此三元也。故記之。馮璿自題爲三元閣 時大宋熙寧神宗初元五年十二月穀旦

# 馮金溪商與銅溪潮書

昔周公制禮，不忘后稷；成湯崇祀，不忘子契。自古至今，未有不重始祖矣。余家西漢之祖始於馮舜，世居鄂城；東漢之祖始於馮異，世居河北；前唐之祖始於馮興、汝昌之祖始於三畏、三元，其子孫仍居江夏。今雖分居各屬，而溯厥本原，實同一祖也。獨恨人心不同，各自為祖，各自為宗，雖能追述其遠祖，而共敦夫一本。諒孝子慈孫之心，詎忍滅其禋祀而各別其類乎？兄自南樓一會，一要修廟，二要修譜，曾有同志矣。昨一友自永豐來，云東高山下良田二十石，金雞山一坨，清松送響，聊可作宅坐兄同買。勿辭其遠。忽接來書，云將建祠於沼山，買田於白雲畈。則仍聽其便。兄果有志。弟敢從之。不必拘於江邑也。若時下俗論。直蛙井底蛙耳。彼其視祖宗幾於秦越人之視肥瘠、漠然不加欣戚於其心。是何足道哉。書中未盡所懷。惟兄圖之。

按：沼鄉祠溪、居保安市、與金溪商為兄弟、渠沼家今有花園、家人掘地。見白骨三區。公具棺葬之。共埋一處。人稱為百園塚。

馮其龍、生子觀、觀生商、商生式、式生京、式字奕程，生京中狀元

馮昱生沼、沼生奕、奕生瑞奕字式之，生瑞中探花

# 馮式寄同鄉書 式一登進士再登員外

恭惟杜老盟伯彥下、式有漢世始祖馮舜、生江夏夾山里、土名馮家灣。傳廿九十四代。卅以孝弟力田為業。及我曾祖盧山公、号其龍、居西庄上堡。家致巨富。歷祖現公、復營宅於南庄下堡。依山而樵。伴水而漁。固云樂郊矣。第恨人丁式微。我先君商公憂之。再卜長嶺之南。構室中堡。築隄為陂。以挽去水。山色湖光。以供書窓。生男馮京、適應其占。不幸遭家多難。徙於永豐（驛名，屬咸寧縣）。先人墳墓。尚在故鄉。乞同里仁賢君子、念桑梓依依。垂情賜示。風晨月夕。佩德不忘。式百拜致書。

按馮現父子、田買七邑、富甲鄉邦。遂交訕之、上官借餉辦京、式不與、以違旨論、竟破其家產、徙居永豐驛。

# 馮司徒式公廟碑

自伯益佐禹。肇封於夏。賜姓為馮。延及於漢馮弇世祚流芳矣。東漢以來。雲台馮異標績於巾車。苗裔永通夫仕籍。攷其時、馮族食采比、十四世。其申錫無疆者。孰非祖宗之源遠流長。足以致之乎。兩晉而下。世居青徐。降及五代。兩渡淮泗。三徙河北。其流寓失所也諸。皆乱離之餘燼也。皇唐受命。祖名馮皿字大善。延及馮岳。歷開成之遠。餘慶誕公。公馮三畏、官塩鐵轉運使。旨遷江夏郡。据馮馬池。獲金十萬。其弟三元。官仕西粵。而公獨居鄂。享年八十。春秋。葬江夏東三十里為塋。地名冷水鋪。生宏英、称碩彥士。産天命為尚書監。江漢蜚英矣。傳廿塘泉山公，官秘書。建寶善堂於夾山。歷元會、亨陽、利貞，紹述箕裘矣。至乾一公諱硯，京之曾祖樂善循禮，廣積陰注。生金溪公諱商，攻苦勵志。品行卓犖。光明如日月。正大如雷霆。節操如冰霜。力行眾善數十年。生百無出。買妾於河南。御帷以歸。未見顏色。問其年，曰甫及笄。問其由，曰贖父罪。公仰天嘆曰。女子尚且知孝。男子獨不知義乎。捐金八十。遣之使歸。噫。以公之大義，格天篤生顯考。諱式聰以仁厚。克承厥緒。一登進士。再補陞員外。此天之報施善人。應如是也。嗚呼。顯考事我祖母張老孺人，孝養色養。終身不衰。而我母太夫人張，尤孝事焉。生京於馮家灘。及長，太夫人饒、延師鄉北從學於靈泉。繼讀書於永豐。再講求於白雲。由鄉試而廷試。叨居首選。皆我祖宗累積德之餘慶也。歷官二十餘年。蒙皇上聖恩。蔭及二子、擢文淵、文海入內閣、賜中書舍人。是君恩與親恩而並隆也。京惟稽首書言。以對揚我天子之休。用勒諸石。以垂不朽。大宋元豐二年、三月穀旦、馮京敬書、

馮奕積德文

太平興國（四字係太宗年號）之間。（宋太宗之初元）鄂州馮公觀、卜筮而得賜既之兆。故將買奇亭。再筮而獲同人之吉。又次買金溪。三筮而協履泰之亨。又次買橫山。

余祖母一子，諱湖，下治山而徙銅堤。同一志也。蓋先人見江漢之飛英濯錦、靈泉之鍾靈毓秀，故有志於風水，為後世計深遠也。而余獨否否。余以為服錦衣於華廈，不如讀萬卷於青燈；買良田於萬頃，不如積陰騭於方寸。則專言風水之利，曷兼言積德之優也。易曰：積善之家，必有餘慶。其此之謂乎。

按馮晛善卜筮，好山水，而尤精於易。馮商玉奕家見之曰：乃壯果有大志，人生須當積德，攜是稿歸，錄此文於譜，終身敬之焉。

# 鄂城黃鵠山賦

馮 舜

簡承帝命，來奠楚之方。歷荊門，過滄浪，覽山川之佳麗，思南國之文章。及其抵江夏，臨鄂渚，見三湘之會同，覘萬派之朝宗。洋洋乎臨流水而茫然，巍巍乎仰高山而快想。於是登彼黃鵠，俯視八荒，東升紫氣云（雲）閑遠，南極瀟湘楚之天長。鸚鵡橫鎖霸陵渡，鳳凰獨占臥龍崗。競雄風於三楚，定伯業於金湯。春秋戰國，經大兵，興大敵，五伯七雄，歷歷帝而分王。陶不盡千秋英雄，磨不完一片（峴山）芒。仙人騷客，感湮波而太息（嘆）。名衡 名允 名仲 名策 衕官屈宋，坐澤浦而徬徨。余乃一步一趨兮，獨流連乎風景，隨而載

衕衕官孔二人在商雍
算陰陽孔宋八索九卯三
墳五典之書無不讀矣

屈伸宋第一人為周秋玉太史通而後已三才洵不可分矣夏禹時有喻史良喻史之人為君上弼佐三皇五帝至若大傑出其時之人其皆江夏人物之堅見于三代之世其

歌、載詠兮深寄慨於夕陽。雲夢衡霍多奇士，共聆陽春之曲。瀟湘鄢郢多異人，頻賡白雪之章。是處堪棲鳳，何川不隱龍。閭邑碧雲居，挹西塞於岩阿，舒我澄清志。挽東流於長江，黃鵠兮黃鵠兮，上有青山下有磯。古今多少興亡事，流東流去惟天知。至今黃鶴樓下西塞石遺蹟尚存

賦有慨當以慷之志，三次此文竟成千古絕調。張添祐

## 謝賜及第表

張添祐

太運宏開，多士際風雲之會。晉階寵錫，人文騰奎壁之光。十年勤苦，一旦遭逢。集木而兢，循牆知懼。竊惟鵬搏海內，莊周壯九萬里扶搖。魚縱

鑿中。王褒頌千百年會遇。宇宙獨榮萬里。神仙偶直藍橋。陶邴虛博

唐明皇天寶二年張倚討同考子上大子奭為之首入試奭手持試紙終日不成一字時人謂之曳白

乎芳名。張奭羞傳乎曳白。在地草萊。忽幸拔茅之無棄。沖天鴻鵠敢誇
結網之不疏。茲逢陛下。無逸乃逸。日新又新。王馳帝驟。卓冠有道聖人。虎步
龍行。共仰太平天子。日表光臨。天葩寵錫。縱横礼樂。望五雲而肝胆俱披。浩
瀚天人。對九霄而生平畢露。鼓鬣揚鬐。競破千層之春浪。騰蛟舞鳳。溢飛
百丈之秋雲。命詞臣以司文衡。寵渥鸞坡。開藝障以登賢書。慶流鎖院。天
恩下九重。舉目日近。絲綸揮五色。回首雲低。上林春暖。爭看閬苑仙遊。瓊宮
風清。齊唱瀛洲客至。分玉盞（盃）而惠蕊花。飄御院之塵。簇宮錦以賜袍。彩出

天孫之巧。旭日射泥金之榜、名與雷霆共响。曲江湘澗善之真尊、恩隨守宙〔雨露〕
同來。吾道生涯、自知文章妙〔由〕、命。景運呈祥、咸謂彼蒼有意。奮禹门之魚
尾、層波滾太池之桃花。騁天街之馬蹄、一騎遍長安之柳色。錦衣故里舞彩堂
上、且喜双親未老。金门待詔、登科錄中、只許一人獨占。自芸窗苦志。草澤寒、
儒。窮誤點於朱衣。幸謬知乎青眼。文試棘闈、已魁二甲之首。香分桂樹、不負生
平之志。伏願云云。

## 文運論

張添祐

文運者。世運之升降。所由係也。周書灝灝。商書噩噩。虞夏之書渾渾。蔑以加。矣。

七十子喪而微言絶。異端起而大義乖。再降戰國。浸淫於秦漢。以及六朝五季。背經傳離宗。踵謬傳訛。所謂文穿天心句攻月窟者瞠乎後矣。左氏辨而誣。國語富而弱。國策巧而利。論乎漢則董賈以策舉。班馬以史鳴。匡劉以經進。論乎唐則王楊爲之伯。燕許擅其宗。韓柳造其極。論乎宋則歐陽之渾厚。三蘇之馳騁。石徂來之恪實。汪臨川之峻整。蓋彬彬盛也。我國家以文教提衡宇内。枕經籍史。家誦户絃。其間宏裁大匠。操觚而登著作之堂者。指不勝屈矣。即綿蒲緝柳之士。囷不闚園亢覽。以默契乎聖道。噫嘻。家擅隨珠。人懷和璧。直將步於先秦。兩漢而上與六經接踵。豈不甚壯懷。矧第縉紳之家。

鞅掌簿书。無事藝圃。而天机之真趣。天性之真樂。已半染於宦情。其文也亢厲而不醇。鉛槧（欽去声）之家。硁硁經史。務為彫琢。不過取其資而希青紫。其文也揣摩而不真。卑弱而鮮氣。山林之士。餐霞巢雲。窮山水魚鳥之奇以適情。於世務落然也。其文也怪誕而不經。曠遠而不適於用。惟讀书有得之儒見理既真。体道必熟。自身心日用。以及天地民物。從推勘而入。從還推勘而出之。從体驗而得。從自体驗而達之。故其発為文章也。深思而不浮。精當而不苟。能轉移乎風會。而不為風會所轉移。豈世運所得升降也哉。

# 立學論

張添祐

恍自遼亡亂華。元政失理。人倫之理弗明。何以不崇教義之益於治。無怪乎其然也。我皇上詔天下立學。以宏作興之功。以隆養士之規。使天下學者皆知隆師親友。日夕刮磨。咸有涵養以成其材。駸駸然至於聖賢道德之規。必於是有賴焉。後之人推本學校之所由興。人材風俗之所由美。而思詠皇上之功德。豈有窮哉。臣伏思教化乃治道之大原。庠序乃教化之先務。自古及今。非有所養育成就。則賢材何由而出。非有所學校含息。則賢材何由而歸。非有所興作勸勉。則賢材何由而成。絃歌習射。論說講誦。徒為虛器。並則其事不為不重。而其功不為不大也。審矣。況古之學、及今之學。而古之教、即今之教。學以擴其耻。教以成其業。二者兼備。其校成德達材之地也。何獨是學校興廢。由守令之賢否。守令之職。固非一端。然如學人倫、美風俗、使人得以修飭德行、陶鎔性情。求堯舜之道。誦周孔之言。以祛擴蕩之行、收淫窒之益。莫先於教養。也。抑惟古者、養賢。非謂飲食之謂。在優游以藏其德。施教、非但文字之謂。在切磨以成其器也。學者今日得列於學。得講於學。異日為邦建勳業。為蒼生被德澤。皆學校之力也。

# 訓風俗文

張添祐

前代士大夫居官數十年，蕭然猶寒士。今則通籍釋褐，甫沾一命，特聘之間，已田連阡陌，家累千萬，夤緣賂賄，仍都貴顯，花臺月榭，歌兒舞女，擲於五陵，交結有司，把持官府，僮奴豪橫，車騎光華，親朋趨之，市井艷之。此大丈夫得意之秋，其有孤高忤俗者，必為鄉黨所姍矣（所晏切，音訕）。家免食貧，官亦不逆。而貴介貴郎，拜一官，還里中，華軒高蓋，騶從如雲，呵聲如雷，父兄長老走避恐後。此縉紳之俗壞也。士束髮讀書，日夜垂涎富貴，望一旦得志，而高台廣廈，堆金玉，妖姬孌童，清歌艷舞，不以濟時行道為念，父母期望，師友漸磨，不

（前漢諸侯王表：姍笑三代）

過如此。目纔識數行，而遂罵伏鄭為学究；心初通文義，而便呼孔楊為小兒淺陋。同儕。傲睨前輩。又安望其完粹而表天壤也。往昔士子，猶多諄謹，間有一二猖狂放逸，同輩且掖笑而薄之；今則自号竹林，謬托嵇阮。使酒罵坐，少年而陵父兄，袒跣呼号，白日而行都市。此士子之敗壞也。閭閻之間，厚妻子而薄父母，狎淫朋而疏昆弟。笑貧賤而狎庸恥。鮮退讓而尚爭鬥。薄本業而好佚遊。家無擔石之儲，而身被羅紈之服；出則縱博飲之所，而不聞饔飧之需。一聞道德方正之士，則以為迂而置之不道。一聞淫縱破戒之人，則投袂而起，喜傳誦而不已。所好生羽毛，所惡成瘡毒。滔天之謗，忽起中國，頃刻而遍萬口，而莫知端之所從起。正之好亂樂禍，而時藏奸雄，不肖之徒，由此漸長。此庶民之依懷也。移風易俗，守於在上而不在下。惟吾子留意焉。

## 學術事功論

張添祐

古者學術與事功合而為一，蓋有其學術者，必有其事功也。後世學術與事功分而為二，或有其學術者，未必有其事功也。豈古今之不相及也？抑必有說以處此耶？蓋古之人，有真學術，必有真事功。其學術即為事功，事功即為學術也。後之人，無真學術，必無真事功。其學術無關於事功，事功無關於學術也。此古今之大較然矣。今天下六籍之文，何人不誦；五典之書，何人不讀。儒者墨守古訓，自童冠以至耆耋，窮年一卷。而蒞乎莫知其要領也。彼其視經術也，不過科目之學已耳。士自平居讀書，輒謂宇宙名物，纖巨立辨。一旦登清華之路，受事服官，豈能核實。往往十不知五六。彼其視世務也，不過奉令之說已耳。夫所貴於學術也，豈口耳掇拾已乎。必將体驗於性命之微，踐履於躬行之實。譬之探珠赤水，不得之耳目而得之象罔也。斯經術精焉耳。所貴於世務也，豈記誦傳說已乎。必將動勸乎綱常之原，樹立乎可久之業。譬之庖丁解牛，一豹十二年而迎刃以解也。斯世務周焉耳。故為學術計，不若經章句而重實學。使人抱遺編，事呫嗶，斯因文見道。修身理性，聖賢自我而作。不在詞章帖括之末，則經術之要也。為世務計，不若累虛聲而課實績。

使之秉國鈞。操殿最。端本澄源。以倖進用。民物自我而立。不爲粉飾虛文之事。則世務之要也。於建堅授官。重本而不重末。貴實而不貴名。又何事功學術之不古若也哉。

## 班馬優劣

張添祐

夫史不雜言矣。歷年遠。則瑕瑜不無易淆之處。傳世久。則亥豕每多莫辨之時。後世史學紛紛藉藉。其端不一。從古若果安所折衷乎。澤循子長孟堅者。執牛耳而主著作之壇。其間有譽者訛者焉。譽者謂其華而不浮。質而不俚。詳而不沉。訾者謂其先黃老而進奸雄。抗死節而否正直。申班乙馬者。則宗王充。右馬左班者。則宗張輔。而班馬並稱者。則宗王仲淹。此皆順風而呼。不足以論班馬也。乃固

之訾遷曰先黄老而後六經退處士而進奸雄是非頗謬於聖人又云志五行而今
書失宜者一也序事而乖於禮者二也其疏略牴牾又孰甚焉此二子者又安可雖黄為也乃
其異同則頗辨焉黜項羽於列傳以慎僭竊尊孝惠於本紀以崇正統附異
於簡末以嚴中國此遷之失固宜異而不異者也張湯當列酷吏而並怨杜周侯王
當列於世家而列於雜傳大宛當采於四夷而役於張騫此遷之得固宜同而不同者
也子貢仲尼之徒而溷於貨殖范蠡春秋之士而綴於漢書白異說見於刑法而
今漢家經書之憲典故此遷與固之所失宜異而不異不宜因而因者也大抵遷緣
封　制
抗焚煨燼之餘獨起義例成書最難固則因揚之舊潤色之而已其成書最易遷之和

僾於國。故貴得也。九國之和。亞於近。故貴得也。十一此其異同之大概。而優劣見矣。

## 道德論

宋仁宗天聖三年乙丑會墨　馮瑞　探花

天地間。至貴者莫如道。至尊者莫如德。至尊至貴。而實有於躬。則名為吾身之良貴。不高位而自榮。不顯爵而自光。窮則獨善其身。達則兼善天下。為侯王之所資藉。為學士之所師表。為聖君賢相之所敬求。為天下後世之所俎豆。而赫赫不顯於千秋者也。惟聖人之身。心涵太極。包羅萬象。有難以名言者。余既孔子受春秋。而道德著見於春秋。孟子受戰國。而道德顯揚於戰國。此自有天地而不可無孔孟。惟其有孔孟。故三皇五帝之經綸。非孔孟不足以闡之。禹湯文武之淵源。非孔孟不足以發之。是孔孟之道德。即三皇五帝之道。法。不即禹湯文武之道。法。其心同。其理同也。孔孟之道。法。揭白日而行中天。該三皇五帝。禹湯文武。固至今存也。無孔孟。不知有文武。不知有禹湯。又安知有三皇五帝哉。大哉孔孟。其道法之高。厚足以開鴻業之統。足以濟乾坤之蘊。不獨為帝王之功臣。為天地之宗子。而直亘古亘今。悠久不息於終古也。萬世而下。尊孔孟。此尊道法。其尊之而貴之。此以道本至貴。而天下莫有貴於道。此以法本至尊。而天下莫有尊於法。此覺伊古以來。為公為侯。不過輕塵乎耳。為帝為王。統如浮雲乎耳。為孔為孟。其道與法。與日月為代明。與四時為錯行。與天地為終始。與上下為同流。嗚呼。至矣。蔑以加矣。

一氣貫注筆無停揮。孔孟之道法直與天地為終極而存也。湯米昌誌

# 宋將張所論

洪武癸酉舉人　楊繼本

宋南渡而後，中興名將，史稱韓世忠、張浚、刘琦、岳飛，而宗澤、李綱、吳璘、吳玠、張所、弗與焉。按稱岳等出身寒微，而宗李諸人皆将相名家，故史畧不稱其職，是故耳。若張所，其在中興，一忠良將也。所於欽宗時，為監察御史；靖康中，安置於江州，募兵七十餘萬人，由是而聲振河北。高宗時，所為河北西路招撫使。時岳飛上書言黃潛善、汪伯彥輩不能承聖意恢復，以越職言事奪官歸。張所以飛充中軍統領。所問岳曰：爾能敵幾何？飛曰：勇不足恃，用兵在先定謀。昔欒枝曳柴以敗荊，莫敖採薪以誘絞，皆謀定也。所矍然曰：君殆非行伍中人也。遂補岳飛武經郎，官名當時所知飛。其異於宗澤李綱之知飛也。後世肉眼豈能知人。噫，所謂賢矣。論張浚所飛岳殺戮，皆盡。於宋為特名將。

## 上元順帝疏

觀文殿大學士　沈如筠

臣聞天之有戾氣，則潛而為伏溢，而為衍忒，亢而為驕穿，而為彗流，而為孛。此有形之病。病主肌膚，入有戾氣，伐而為凶，攻而為疾，聚而為憂，損而為貧，結而為惡，耗而為弱。此無形之病。病在腠理。今天下腠理之病，畧可觀矣。臣第言其證徵。始以事應，始以類應。始以物診而至，始以物因而至也。何謂事？今之銅山涸矣，泉刀竭矣，五金之用，狼藉而不收，金遁矣。草之折矣，禽之失矣，五木之材，採伐而無遺，化木遁矣。溝洫不修，渝洩不時，而天户地轴之津。缺然。於是行道與。緯紗百院。崇飲絶纓。而司烜司爟之吏缺職。於是火道與。三壤不分。所齒不御。而崇怨於邱陵。於是土道與。此以事應其一也。何謂類。言其棟山童。以白蓮惑衆。起於梁場。於是金道與。劉福通以紅巾作亂。陷於穎州。於是火道與。徐壽輝以妖術聚衆。陷於蘄黃。於是水道與。伯顏（首約）哈麻把持門庭。寵遇於弄權。於是木道與。西方畜僧運亂演法。臨於宮禁。於是土道與。此以類應其一也。何謂於洽而出。今其海溢泛濫。太陽無光。山川崩裂。怪異叢生。四序不調。五穀不登。而災厲之氣。滿於宇宙。間老無年。推於傷孳。死其於兵燹。古以來未之有也。臣思其故。由上無善政。下多怨言。是以五星不順其度。五行不安其位。五土不若其性。故於越於制。而不於出。此於洽而出其又其一也。何謂於因而出。植其皇上眷春秋鼎盛。威福之大柄不備。封章之批決不留。恩澤之施予不濫。羣小之邪僻不親。宮帷之燕私不溺。啟沃忠臣猶可以進言。而不至於大壞。否則不親正人。不聞讜言。內不畏朝議。外不畏巷議。吏不畏國議。士不畏清議。民不畏公議。此所因而至於又甚之也。譬之人身。腠理痹痛不仁。而方其元氣充盈。耳可使聽。目可使視。股肱可使持行。四肢可使鼓舞。倘復戕於斧斤之伐。浸於鍼砭之攻。日削月朘。會令扁鵲望而卻步。噬臍何及。其亡也可立而待也。臣敢謂今之時勢不類於此哉。伏願匪所諫其愚而恕其罪。使吏賜卒讀其文。而不以臣言為妄。則社稷之幸也。

# 節用防患公財疏

永渠 張添祐

臣聞富國易。富天下難。未開利之天下易。已開利之天下難。蓋四封之外。皆與吾敵國。我肥而不憂彼之瘠。以彼之利為我之利。如戰國是也。故曰富國易也。今天下海隅一家。肥在左則瘠在右。損在遠則累在近。管子之計不能盡用也。故曰富天下難也。昔武帝時。諸法未備。故桑宏羊得以持其敢利。今天下諸法俱備。即桑宏羊而在。更何所加。故曰富未開利之天下易。富已開利之天下難。昔者通輕重之權。立聚斂之法。是謀富國者也。不足法也。李悝量豐凶之節。制糴糶之術。是盡地利者也。不足法也。賈誼竹驅歸農。

禁末務而重本業。此、、、上策也。誼之説行。當無有一夫耕而十人食也矣。
晁錯、爲實粟塞下。開鬻爵而贖罪。此、、、中策也。錯之説行。當無有士卒死而
千里饋糧者也。耿壽昌、爲立平倉。使谷賤增價以糴。谷貴、減價以糶。此、、、下策也。昌
之説行。當無有官有餘而民不足也。矣我國家太倉之積、日出常耗。边圉之餉、歲給
不支。知其故必有由。臣竊揣之。琳宮梵宇、過於輝煌。耗之其一。玉殿金闕、過於莊嚴。耗
之其二。宮掖侍女、過於姣嫻。耗之其三。奄宦寺人、過於賞賜。耗之其四。從戎侍衛、過於
優渥。耗之其五。冗官贅員、過於雜蹈躐。耗之其六。陵寢宮室、過於費用。耗之其七。
台池亭榭、過於文藻。耗之其八。事事出於府庫。件件出於百姓。夫國虛而並財則國

病矣。將窮其國以取天下之財。則民病矣。國病則不得不用一切之術。而暇於民之利害。則國之病。將而民病矣。國何恃以立。則民之病。久將而病國。此豈之理。必至之勢也。臣謂陛下之宜節用者此也。今天下令郡縣設社倉是矣。第恐而斂斂也。有司之價十五。大戶之糴十九。則累及大戶矣。既而守也虧損多。則倍賞不已。查盤至則罷戾則有加。又累及斗給矣。然而散也。那移者有之。展轉者有之。以舊易新。出輕入重。又甚待亡荒之來。而已存留者餘。至於舉天下貨財。一聚而致之內府。而司農之官。莫敢謹其多寡。法吏之官。莫敢按其贏奇。盜者有窟穴其中。以為牟利者乎。是謂虛外以實內。非計也。北虜之患。

之夷自洪武初年，納貢賓服，莫敢不來王。今陛下即位數年以來，虜以虛名市中國，中國歲以實利賣虜，虜日益驕也。陛下乃復剝軍窮以充犬羊無厭之欲，是虛剝內以實外也，非計也。嗟，寇不可玩，虎不可養。今以利賣虜，是養虎玩寇，必為異日之害。鄒彥暉曰：知其為予已往，謝字未往也。英宗北狩，為虜所獲，張之之明驗矣。臣謂陛下之宜防患於此也。比者所都人主籍籍言陛下多積貨於宮中，果然則過計也矣。夫陛下既統四海為家，又私左藏，何不以不廣也。且陛下之民，現受塘洩，總總嚮矣。陛下之倉又恐轉運安乃一家之中，洩於國之，則父母所居積以致富，亦一家所不得行也。憂繭絲，知潮之渾以灌於百川，渾乎九川，皆是物也。及其壅塞不通，必潰而為災年，夫財亦猶是也。聞富之者，以聚於貨，為府於物，中必流行也。臣謂陛下之宜公財於此也。

# 憂世論

沈如筠

聖人之治天下。法以養其民。法以治其奸。故春露與秋霜並行。數大與昭作文懋。二化享國長久之道也。今則法與法兩無當也。奸僞潜於刀筆。武健起於豪俠。欺罔鼓於嘯聚。而法不足以治奸矣。鄰屋有露宿之民。窮巷有蓬累之士。邊疆有啼號之氓。而法不足以養民矣。惟懷仁抱義之君。執中秉衡之臣。澤普而不偏。威振而不猛。蠲浮濫之征。則閭閻安。祛煩密之網。則閭閻清。禁末利而重本業。則服疇者勸。退貪墨而進廉平。則侵漁者息。屏只鼓而崇實政。則吏職修。謝浮文而攷成績。則治效著。如此而天下不治北宋之有也。今天下有肥大股小之憂。無運臂使指之便。有乘馬浮舟之勞。無將饔夕飧之逸。有搖竿持戟之警。無橐弓偃鼓之安。有操食奪羹之苦。無三登九稔之樂。如此而天下猶治。北宋之有也。目擊時艱。有不勝痛悼者。天災疊見而不知懼。則修弭之難。人心惶恐而不知警。則修葺之難。國用空虛而不知節。則修政之難。賢才荒遁而不知資。則修禮之難。將權在內而不知黜。則修補之難。戎馬在郊而不知懲。則修救之難。山河有改歲之憂。祖宗金湯。事在將眼。人物有騰鳥騰鳥之情。國家版章。搖不旋踵。士君子不幸遭逢末流。上無可為。下無可容。而僅托空言以見志。是誠不得已也矣。

# 賦役之苦論

杜宗晦

民生於天地世（疾痛之苦）何嘗不辛苦哉？亦不辛苦奈何。田出賦而徭而驛而兵，則田有役矣。身出役而耕而餉而稅，則家有賦矣。科派寄和，征輸錯出。吏緣是而為奸，甘於周官賦役，不有大於剌謬者。考夫卒析二課，賦之正也，不溷於役；歲賦三日，役之正也，不溷於賦。正其存，溷其去，法明而不易見，民便而吏難欺，此簡易經常之道也。於賦之正（只五日也），而稍增稍藁之輸，以儆禹貢納總之意；（不）於役之正，而更加二日之執，以雜八十日之事，增化多取，變化駭俗，以此充徭驛募民兵，是所謂變通損益之權也。說者謂不給則何如？余曰：徭，官役也，官簡則徭隨之；借符僭乘，此不得行於驛，則驛清矣。邑有戎衛地，不復置兵；有兵，此則寓於農，而使之耕且守，則兵省矣。是所謂就浮去浮之治也，策之本也。周之襄撫江南，征役有度，百費有度，民遂不擾，歲輸石五斗之外，也不及石此止也。五斗此增而犯所取奇也。今天下有冗官而無省官，有加驛而無損益，有益兵而無減兵，至於有司者屬，則惟知加賦而已，惟知增役而已。噫！民何堪不窮哉！

## 救荒全民疏

張添祐

三代以上有荒歲而無荒民，三代以下有荒民而無荒政。故荒政必講於未荒之先，而不講於既荒之後也。國家賜賑恤之恩，蠲逋負之令，法澤非不

牘

汪藏入民，固不屢乎？然而富家大室，不能安枕而寢；窮鄉小邑，尤有接足而僅比也。其他皆有司奉行失旨之過也。夫有司右鷹鸇而左鸞鳳，一遇凶年，有死而已，稅安在哉？鬻男賣孥不已，而分派於親戚；分派不已，而借貸於富室。吁嗟貧民，室若掃矣。此府縣之虐民也。彼府縣亦小于此也。撫按寄一方之命，而忽聞災荒，以撫字為拙，以催科為工，則州縣小吏，烏得不惴惴乎？日鞭其民，以希薦牘乎？此撫按之虐民也。彼撫按亦小此也。岩廊之上，持握鈞權，而法網未除，督責愈急，即有一二敕旨，不曰畫餅，則曰故事。嗟嗟小民，烏得叩九閽而見天日哉！人皆謂墨吏已去，郵傳已清，軍額已減，而賦役已均，且以威行於小吏，而不行於大吏。墨吏未盡去也。當路之官，節旄未必。而有司且斂膏脂以待矣。郵傳未盡清也。缺廿之丁。即那移牽補存廿之丁。則色變股戰。軍興之額果減乎。日日量田祖以開剩吏胥之姦。歲歲丈地適以隨墾兼并之計。豪右果禁而賦役果均乎。近來吳越全楚水旱頻仍。而小民不知開之有司。有司不知開之監司。監司不知開之朝廷。致令雁雀拾椹而啖。折骸易子而食。異日百萬之種安從出。即自元末以來勦賊破敵。干戈未息。蒼生塗炭。赤子流離。陛下所及知也。休養數十年。瘡痍尚未復。生齒仍未煩繁。陛下之所及見也。況大兵之後。繼以凶年。不恤區區。民必流亡。設也潢池一警。東南必有荷戈而起者。則救荒之政。所宜早圖也。臣嘗計之。太倉有十年之積。太僕充禄於十萬之贏。御宮中一事之費。可存數十家之產。慎左右一時之賜可活數十萬之命。請內府供應一切裁制、明節儉以先天下。即一二奉行不謹之吏，且解組歸田矣。陛下遣才幹廉員即時撥粟賑貸餉民、次請復古常平社倉之法而行之，斯萬世之利在是矣。

## 上差役疏

張添祐

臣觀成周役民之法。比里族黨役於鄉。府吏胥徒役於官。伍兩卒旅役於兵。蒐苗獮狩役於田。第年不收而歲凶札、則免。貴有爵而尊有德、則免。是以歌子來。詠鼛鼓。也今猶及口也。乃漢役民、亦用三日。唐則歲役三十日。稠調俱免矣。宋設差役、雇役、則迭於為用矣。我朝洪武四年垛民。七年垛軍。諒戶口丁田之多寡。

定徭役差役之輕重。法非不善也。乃行之未數十年、而輒生弊。富者、強者、可以免役。貧者、弱者、不能免役。臣細訪民間。田連千頃者。竟就終身之逸。而貧無立錐者。反無旦夕之安。是、、、吏以役為市也。強者背役。則以百室之贍。為一家之肥。弱者當役。則以一載之供。傾數世之費。是、、民以役為病也。臣思役法之善。無踰於宋。蓋役、雇役兩端。而論者紛紛。有謂雇役便者。則曰孱弱之夫。不諳畚挶。紈袴之子不任馳驅。凡一切役之。則民、、、稱病。有謂差役便者。則曰財斂于官。力輸於民。是兩便之道也。不知貧民以力役財。而財不酬力。吏胥漁獵其間。而力不卹貧。則民亦稱病。以雇役為是。執之王安石之說也。以差役為是。執之司馬光之說也。乃或者又謂沃土之民。可以雇役。則吳越便。瘠土之民。可以差役。則秦晋便。又是一道也。不知立一法而百弊生。興一利而百害滋。吳越專用雇役。貧者其何以堪。秦晋專用差役。富者其何以堪。皆一偏之見。非至當之論也。由臣論之。竊請確遵太祖定例。諒戶口丁田之多寡。定徭役差役之輕重。田米多者。則任役亦多。田米少者。則任役亦少。其有財者。聽其出財雇募。無財者。使其出力輕當。富者不可逃差。逃者有罰。貧者不得避役。避者有責。富不得賣富。賣富、則罰俸。吏不得差貧。差貧、則參革。舉凡小事小勞。着地方官令寄任無田之丁。名為懌戶。歲用三日。至于大軍大役。則選必忠廉能幹之吏。按冊喚夫使。富者出錢。貧者出力。以時而徵。以時而給。

則貧富兩無所病，強弱兩無所爭，此劃一不踰之規，而變通宜民之術也。

## 六經論

張添祐

皇世三墳，帝代五典，重以八索，申以九邱，自孔子刪述，而大義咸備，蓋不啻日月之麗天，江河之行地也。當時若商瞿受易，子夏受詩，左邱明受春秋，家傳口誦授。猶一氣也。其後訛儒臚列，無慮百家，經經學一先生之言，而六經已為陳迹，卻漸頗散亂。直贅疣已耳，直覆瓿已耳。六經之指指，六迷于言，而附以公穀三禮，又附以論語孝經爾雅，十有三子，田和丁寬之易也，伏生張生之書也，申生轅固之詩也，江公胡毋生之春秋也，高堂后蒼、大戴、小戴之禮也，彬彬乎，皆六經之羽翼矣。說者謂九師興而易道微。三傳作而春秋散。齊魯韓毛鄭詩之亡也。大戴小戴禮之衰也。又曰秦人焚書而書存。漢人窮經而經絕。則何以說也。故云揚雄之擬易、擬論語。叔孫之禮樂。曹氏父子之詩。蔡雄之不然爾雅。王莽之周易書。安石之春秋。則以經為秘傳所割裂。而經因以亡。即有一錢十家起於蟲書蠹簡之中。一辨三難于牛毛繭絲之際。昭若風而波不息而爭。家立幟。人援古。即至溪新安之間。日紛紛矣。況著紙之糠粕之餘事可傳之吐唾之餘涎。其弊與刻舟求劍。按圖索驥之等。則刻剽荊舒之周禮。遂為撏古所口實。嗚呼。此豈經之咎耶。故後經之神含於糠粃之外。默契乎聖賢之心。此書亡之經。秦火之不能焚。而孔聖之所不能局耶。萬世而後有知其解者。尚旦旦暮遇之也歟。

# 王道論

張添祐

嘗謂王道如天。天不私於物而能宰物。王不私於物而能禦物。思夫宇宙之大。萬民之衆。雖隸首不能窮其算。齊諧不能誌其怪。以王道燭之。則繁者不能蔽其形。人情之隱。險于山川。世事之變。奇于滄海。以王道析之。則幽者不能掩其態。今夫天寒暑流行。而無衣者惡寒。無蓋者惡暑。然天不為無衣而去寒。為無蓋而去暑也。日月晝明。而暴物者喜日。宵征者喜月。然天不為暴物而使日不冥。為宵行而使月不晦也。此天道也。王道者法天而不私。故五服五章以飾喜。而不為私於蕩。然如雨露之降。五刑五用以飭怒。而不為私怨。肅然如雷霆之威。五禮六樂八法八則之具以飾治。而不為私制秩然如四時之序也。由是上無陂政。下無亂法。野無濫官。國無頑民。此之謂。官止神行。帝無為。而天下治。

## 循吏論

張添祐

古之君子。有寧為保障。不為繭絲。寧為鸞鳳。不為鷹鸇。此誠循吏之深刻。而思以救之也。故移俗此不異政。安民此無近功。乃今之吏。有大謬不然。此倚察不怙。豈其無之不有足不履草野。而目不觀蔀屋。此乎宣布詔令。此簿書期會以為繩峻法惠文以為能。彈章薦剡以為能吏。遠化之情多。而寧一之風渺。嗚呼。斯時民莫賴矣。夫大論心責實可也。漢時戶口歲增。則徵必首於穎川。治郡不肅。則讓必加

此乞其三知不有目不聞偏激而身不被汪濊其幫不大可笑之奇妙以奇迹自表

循者順也如楊長頭月及報書入不可出古以為法竹澤廣守駿水為循篤定民極書

闒茸猥賤也

於北海。視民如子也。勿以為斷斷之吏而弗褒。去後見思也。勿以無赫赫之功而不賞。不以苛急先乎恕。不以雜給上愊愊。不以便利貴持重。不以雷同賊特立。凡是功簡能必乎誠利於民也。進之。而凡是勿錄，則吏治庶幾乎近古。不抗喜投巫之異，則謹身奉先也。退矣。美循篤之智，則推誠於下也。屈矣。苟手奏之能，則厚重少文也。屏矣。與聚斂之嚴，則先教化後誅罰也。却矣。豈所以計安元元而易海內哉。說循吏固且尚也。然文牘盈海，托之乎卧治；質訟充盈，托之乎息過。一事不理，留飲醇之治，將究不載而曰蒲鞭之化，是可嘆乎。嘆之則闒茸也藉口，而明試之功隳矣。見奇標異，固不足貴也。然有恫（窮）瘝而擅赦也，不為矯。賑饑而善發也，不為專。抱孫憐愛而亦資薤水之奇。（任棠事）

父母見私物出著神明之號。是可枕廢乎。廢之，則豪傑共擗踊而治平之致罕矣。斯二地。是是非非之。不可不察也。

## 防微疏

張添祐

天下之物。莫不始於微而成於著。主以為保治之道。寧亦宜然。不見夫物乎。太陽未升於中天。曦微耳。而視象也，必登暘谷而況滄海。鴻鵠未孚於卵。瘠塊耳。而辨物也，必知其必積積、翩翩而翔入冥矣。由是言之，物類昭然可睹矣。從來禍有所基。如首於亡夏而象箸實啟之是也。釁有所構。如介雞奚亂，嗜而爭桑桃矣是也。怨有所階。如鄭以食黿黿而弒靈、蔡以求佩亡是也。愛有所成。如衛以好鶴喪，而周以裂繒東是也。廢興有所倚。如楚以三戶亡秦狄以女戎勝晋是也。災祥有所應，如武丁以雊雉興商，而王偃以生鸇滅宋是也。故漁貫在陳而已，戒于龍漦燕啄之禍；玉食在御而已，鑒于糟邱肉林之禍。土木未興而已慮於琁宮瑤室之荒，革車未試而已惕于牧野墳墳之慘。在人君謹之于微耳。昔者紀渻子養雞，十日而虛憍，十日而盛氣，又十日則木雞，而眾反走矣。防微是虛憍之意也。畏途者十殺一人，則父兄子弟相戒。夫衽席之上，觴豆之間，其為畏途甚矣。防微是父兄之戒也。東陵之瓜，布于陰谷，稍傷其膚則苦不堪食。防微是傷膚（膚）之說也。積泉出于崑崙，清可鑑鬚眉，迨至放龍門，決大陸，障兩涯，不辨牛馬。防微是澄源之道也。古諺（云）盈防其溢，高慮其危。若舜蘇（盈）水以趨，一徑蹂躪而復其或跌也。又云：賊或在門，虎或在旁，若害千金於蹻蹠之前而戒其不慶也今國家之勢譬若止水之坳時爲修葺不過一豎子之力反其懈也一蟻之穴奔潰四決以千夫塞之不勝矣知莫藩（出表說明）之附濟無難是

此吏部切諫建文皇帝防燕通篇俱用隱喻（云在）建文不悟何

天地山川人物得之有矣

## 輔諫儲貳論

張添祐

古之人臣上憂宗廟下憂百靈曰出肝胆以與主争進忘危難退忘所廢日傾葵藿以與主撼金石可移豚魚可信刀鋸鼎鑊可蹈日披百折不回之性九死不二之心以與主勢其素所樹立於也所堂簾地隔宮府情睽而倖嬖之臣其甘如飴而爲独進苦之藥逢迎之夫彼巧如簧而吾独進逆耳之言不誠難乎哉況寄托之重事関宗社發諭之大心矢冰潤

而諫諍一節。猶有難乎比干。立子以嫡。無嫡以長。於執公論。或謂沽名而樹黨。國不堪。或稱慎無積。於申大義。或謂賣直而寡恩。禍水滅火。然不於直言極諫也。恐情溺於床第。而必及後開隙以啟其意。狐城鼠社。然不於借劍上方也。恐耳屬于垣墻。而必牽引曲証以導其情。東海之隙。黃台之摘。承乾之廢。然不於痛哭流涕於人主之前也。恐知疏于肘腋。禍起於蕭墻。而必開誠布公。集思廣益。以挽前星少海即太子也而自定。夫人主愛社稷。未有不愛太子者也。人臣憂社稷。未有不憂太子者也。然而此心之迷悟。自有其機。迷則正言為迂。危言為激。悟則渙然而釋。瞿然而悔。迷則以戚孰寵。大戚孰親。悟則前席而請。造膝而語。機之所係。所不重哉。

漢成帝過陽阿主家、見歌舞者趙飛燕、悅之、召入宮、大幸、有女弟復召入、姿性尤醲粹、宣帝披香博士淖方成、在帝後、唾曰、此禍水也、滅火必矣、

# 鹽法論

何炌

古者鹽法之設。所以利天下之民也。日不食鹽則昏淡。月不食鹽則力衰。民之利鹽也甚於飲食。先王知其然。設之官而通之民。天下無不食鹽之民矣。權於官而不制於官。天下無不食鹽之家矣。然而憂其難為繼也。故又為之定其數。於管子之時。計口算賦。終月大男食鹽五升少半。大女食鹽三升少半。吾子食鹽二升少半。計口而授鹽焉。昔邑官山府海。國用饒足。此莫大之利也。後世踵其法而行之。或利於上而不利於下。或利於官而不利於民。已然。或用民煮。或用官煎。或以召商。或以充餉。為法不一矣。國初淮鹽課七十萬引。霍韞犹方其少。後漸增至一百四十萬有奇。以舊制實邊餉。以增課入鏹而辦內帑。後加以工

部鹽三十五萬引。亦以餘鹽付之民。食用有限。而鹽將滯。而價將積。而商將斷。而边計將
絀矣。今題定边餉五十萬兩。內帑百萬兩。皆為定額。淮鹽五分。閩鹽六分。江鹽七分。
湖鹽八分。永為定例。鹽場俱官煮。灶丁人等除正鹽外夾帶出場及私煮貨賣者
及以私鹽法論。守禦官司及鹽運司、巡檢司巡獲私鹽即發有司歸勘。凡起運官鹽每
引二百斤為一袋。帶耗五斤。須經過批驗所。其秤重盡鹽盤而驗之。但有夾帶餘鹽者
法亦如之。即越過驗所而引上未便關防者。亦以其罪治之。凡禦官司於所管地面無緊關
去處巡禁私鹽者有透露者。關津把截及所委人員罪所必加。至於貧窮民
肩挑背負者。所買不過百斤。不與窩莊通販者同罪矣。此鹽法大略也。

# 陳兵制方畧論

宋　張耆

國家經武之制，最爲遠矣。其大必設京衛，以固根本之謀；置三營，以練邏羅之士；邊壘，塞宿以重兵，則藩垣之形壯；衛所間于州郡，則基址之勢張。日織月增，（肯綮又添，實也屯户）奉州縣，環蓋法律威靈之常振，惕鋒銛之雜犯。至于今，而微弱者一二見也。請畧數之。尺籍徒存，勾稽鮮效，貼徒借工之扮作，逃亡流徙之莫詰，則其弱在稽覈底離之。組練之費，儲胥莫擴，存之積或衣見附而戎無力，或生存可而欺匿焉，則其弱在總。六甲九軍之法，教者不必知；坐作進退之節，習者不必辨。至論買閑而納，月餉而爲戎，操練以僅見，戲耳，則其弱在偷。蟻聚而隨羣，未戰而敗；鶴列隨行，見敵而驚無論老弱不能擐甲、即素報施送、遇大敵、鮮不色動、甚則其弱在懦。責以援古超距、並無一人出於行伍、將犯科、又不勝其敵、卒敗衄也、而殺士卒以掩罪、卒無獲也、而戮平民以要功、軍食稍緩、脫巾而呼、軍政稍急、攘臂而起、則其弱在驕。於反其弱而振之、其道有八：人主有投醪挾纊之恩、必有搴旗死綏之士、於將帥以誅求為固然矣、尉以朘削為常例、彼不為我死、焉能與之俱生、彼不為我亡、安能與之俱存、振之則莫若先教。教令行、則市人可戰、法嚴則女子可陣、於大將不伸威於偏裨、偏裨不伸威於卒伍、比試則亂行、而鞭扑貫耳者鮮矣、臨敵不用命、而戮社釁鼓者鮮矣、况不能奮於敵、豈能報於國乎、振之則莫若厲威。古者亂子喪師、則元帥執咎、衛膺五勳、則從軍剖符。乃今有

光登臨陣，甚或旁睹其功，而高坐觀望，甚或反擾其敗，則環伺鮮不蒙辱，豪傑鮮不解
體矣。振之則莫若均賞罰。〇〇夫兵法無必勝之兵，有必勝之將，故子玉將楚，文公為之側席，高克
率鄭，春秋誚其喪師。言乃推轂或以參受鉞，或以賄遷，賢其習為輕，褒後蒂之
風，不有毫無尉繚、穰苴之才，要望勤王而敵愾也，振之則莫若擇將帥。〇〇夫為虺不摧，必且
為蛇，細穴弗窒，必且為河，故川壅宜訴，全軍皆靡，武雄肆虐，百卒皆誅。言乃點盤難
行，指痛難使，而尚挾餉則增譟，帥不答，三軍得無竊其釁，三鎮以之發其宄乎。振
之則莫若肅紀綱。〇〇夫用兵多算籌，少算，少算籌不算，言紈袴食肉，既難與謀，
而士大夫復不以兵為事，間有挾才談兵，甚又以文法繩之，則固何以征討。在卿士

漢何以文臣將將軍、振之則莫若廣初恐。○夫一鄙不可以眾與、十羊抗雞以九
救、坟定遠都護、強四十年、鄭進西山亦三十載、与士兵手師、師兵手官、雖盡頗
安能用趙卒、李廣安能得力士乎、振之則莫若重責成。○夫戶之運以權卑之
衍以轴坟潰伐底績、卒張仲之孝友上將、臧驕慎楊循之風、裁可於要事
行間、輙營求其、寵功成、閫外必凴藉其、主將況不能撫廉、士又安能館（宿）、即
李、救何由以市租享士、李陵何由與士卒分甘乎、振之則莫若澤軍。○滿、人設修。○
而天下可兵事知

# 寬嚴並用

張添祐

人之為政也。有曰商人尚法而民始猾。周人尚誓而民始叛。吾將祖清淨之術。與天下相忘乎政。是可以為治矣。又曰徙木可以帝秦。胡服可以強趙。吾將用刑名之法。與天下相協乎威。是可以為治矣。而不知皆非也。猶之火烈而畏之。水柔而溺之。此中說之主嚴。而申韓家事務深也。故有澤諸而激之。束濕乎薪之說乎。詩云豈弟君子。民之父母也。此中說之主寬。而黃老家事務呴噢也。故有寬譬不治。臃腫不治之誚乎。寬嚴並用。安得使周失之弱。秦失之強。蓋周以忠厚長世。非黃老比也。秦以慘刻短祚。非關用申韓之所致大驗也。善乎孔子論政曰。政寬則民慢。慢則糾之以猛。政猛則民殘。殘

則濟之以寬。此萬世所昭也。我皇上革權臣操切之弊。作閫寬驕踞之所。謫海宇
貪婪之吏。而且停蘇杭之織造。革饒信之瓷器。則威與秋霜烈。而澤與和風翔。
已。第議其稍宜濟之以寬大。而不宜乎寄以威嚴。此根本之論也。蓋貪墨可繩。
而徇於文法。則擁賢能之才。將雅可識。而偽及其事。則干久地之和。始辭可清。而罷
進其雅實。則商賈必出于獻。蓋況食可決。而備出其擇勝。則院中必起於將清之極元
氣象。故曰。至清則無魚。人至察則無徒。何不責飲孽臥聖之治理。而必如救火
揚沸。其亦矯愉快也哉。

# 釋氏論

張添祐

夫天下有昧道而背之，有似道而非之。昧之說，將以背吾道之粗；而似之說，乃以當吾道之精。背之見，將以淆庸衆之見；而似之心，乃以亂賢智之心。其將厭聖賢爲尋常，倡異說爲門戶。其既也，叛吾道而入乎中；其究也，不惟與吾道兩立爲敎，而且抗衡於吾儒之上。其禍可勝道哉！孔子以後，無所謂佛，無所謂釋。漢唐以來，始有佛說，始有佛門。譬之江出於蘭，而愈引愈紆，紆決於川，而寖流寖遠，有不可以端緒而提坊者。或以見聞不假爲頓悟，或以形聲不忘爲元機，或藉口於象山之學乎，或立幟于梅菴之功臣，或旁搜六藝，或網羅百家，而竟失乎指歸之要。宋季而釋氏之說紆紆於世，聖人曰心性。釋氏亦曰心性。聖人曰知覺。釋氏亦曰圓覺。聖人曰靜虛。釋氏亦曰靜虛。稽未通也。而物格學窗于毫端。學未充也，而濫鄙文學于經解。己私未淨，而謬曰天地萬物盡在掌中。已行未修，而妄曰聖賢地位不出足下。此從來釋氏之荒唐，大都如是，我躬梗

進行知勿

廣孝、窟宅門法界之標題。離家沙門大士之崇獎。不官不民，而躬居極品。不親不君，而身為國師。獨敢叟字，自標法門。其名為狂。駕言隨墜，自稱得道。其名為謫身。擁舉比丘。口傳木鐸。其名為僭。見巧於狙。起機於鵲。其名為賊。語王公大人，則傾蓋劇談，目為上乘。語市井小人，則跏趺終日，視為鈍根。且其為說，以身世為業緣。以凡塵為苦海。其與輪迴天地。幻妄山河之說。同一悖謬乎爾。出其自命也。則

亦不滅不滅而已。夫廣孝，釋氏之流，然其言行固甚足罪，而独惜以褒封及之，徽號

尊之，廟祀享之，豈盛世之事哉。伏祈陛下寢其褒封，削其徽號，罷其祀享，以

以肯廣孝也，以安廣孝也。臣不勝戰兢待命之至。

道衍和尚、姚廣孝，比光削髮於城州智庵，以洪武十五年，詔選高僧入侍諸王，命道衍往燕王府，

住持慶壽寺。初於城見燕王，視道士有席應真讀書，學道法，兼通兵機，道衍師之，盡得其

術。深自藏晦，人莫知也。已而往燕府，靖亂兵起時，于贊成之。及拜太子少師，輔導東宮，

復于姓名。上命蓄髮，賜宮人，亦不受，常居寺院。卒，追封榮國公，謚恭靖，配

饗大宗永樂廟廷。

# 蒐逸才論

晉賢士　孟嘉　字萬年

天下之情。有所挾乎而思展。則無務以名羈之。有所跂乎而思奮。則無務以法窮之。有所抑鬱乎而思平。則無務以氣折之。有所不足乎而思用其所長。則無務以求全阻之。故舉囚舉虜舉盜之事。使貪使詐使愚之言。班班可覩也。三代而上。四民有業。三物有訓。賢不混而野不踰。國故九法三俟。默成象。詞成文。左執規右蹈矩。第世乃不淳。而機智豪勇出。用其一偏。故縱橫之域。蹂躪之亂。蜚充之五伍。李斯之字畫。至今祖述乎。況豪傑之士。其力足以自致。衣食甘。偃仰騰驤。羞與閭左下士爲伍。而束縛於區區之禮法。僞人君也。宏薪植而羅寒畯。誰肯靡旗鳴。揮。梵株叫。囂。一旦鹵莽自棄。也。劇孟、洛大俠也。吳楚之交。雁行頓刀半天下。而不曰劇孟。亞父喜之。未免駭河北者豪也。料睢薦之物。而唐於不用。既而幽州亂首。卒炎河朔。此兩人者。惡不涉六藝之林。若不掛孝廉賢良之科。而左提左。（頭也）重右提右。重。乎天下可理之人乎。即有之。林博淡修姱。如漆園蒙穀乎。咄橋俠黃藏。與草木同腐朽乎。惟守推曹少史。無謀以自進。而銅墨小吏。乃批掾結轄之材。走捐辟頭足。暝目雖恐。者。豪鄉里。大者凴山海。而天下者者事。夫苟恍所稱遊士遊行遊俠。而遊俠為甚。食困曳牆。倉皇殺財。從賀。則厥興為之雨。騎肩結轂。皆以覺然。則鳴盟為之群嗜啞叱咤。試斷鄉曲。則閭覺為之傾。假令國家令縣道有司博求所部豪猾。不以志其隨才器。使羅入士仰。仰。

俠之駒乎。豪舉於賊事，而耗其雄心於利欲，則人人皆將逐百日而酣，而拚之能事為之呼。尺短

寸長，自古歎之。管仲師馬得路，隰朋師蟻得水，則先臣禹趨，不必草野之尋碑也。

爰及鷹犬，安利之績，食馬必臨淳之尾，則賤摘毛舉，未始於延攬之多遺。

故豪傑之士，亦在乎馭之而已。

東漢以名節維天下，卒以名節失天下。不得志之士，維持名節，私論於廷，以扶傾羅不測，而鄉曲

布衣之俠，猶以黨和激成禍階。此一流人物，才猷俱有可觀，云論黨資不良，而誅僇加焉，豈名節之鑑

亂由上之人以清議為罪，而殺此名節之人也。近者又不知羅搜遺才，使中立貴亂葉，流禍百餘年，識者

遂為左袵，可畏也哉。　沅如筍評

並萬年為一代文人宗匠，其作鴻篇盛行海內，而此作尤屬於廷士鑑草野之辭，

不特為東漢黨錮諸君雪憤，並欲為千秋下才人名士擴作膏塗，以同聲一哭矣。

歷歷遊俠，特呼寄耳。　張源祐評

# 幸太學表

景泰癸酉舉人　張敏

臨雍展礼。式昭重道之風。啟幄談經。茂緝右文之治。雲飛陳物於璧波。天表璉光於泮水。入文益彰。聖道增輝。寔惟太學乃賢士所關。而孔子自生民未有。洋洋乎聖聲益振。皓皓乎遠溥。欽惟大明六籍。闡前古之羣蒙。遠紹百王萬斯文之脈。粵自秦焚漢篆。周典冊於中原。制肇三雍。北齊修礼二仲。況復鴻都虎觀。尤爲蟬噪蛙鳴。武德講經。遂以泮門亂離。光被再擾。秋令片藻增光。鐘鼓度奏。珮于虛營。影洒槐柳。池水映青。遺於黃塵荏苒。梅花。隴中之煙既熄。泗上之戰方甘。家築宮牆。人材雖鑿。金匠施孔壁誰識寶於逢年。荊棘滿屋。莫辨光於亂馬。卒息兵戈。一變弱冠舊習。迄乞言養老。載披前席。虛懷勝庠。大哉吾御，易抱蔬園之恍。道統兢加宸贊，亢馳庭草之華，則安可使元化獨成帝興。

至如，弘盛治大業，遂蘊天性，恭惟陛下，孚深堂奥，道切羹墻，出黄屋以訓，恭擁緑圖而運。

道，振鑾大成殿，卑瞻舜日文明，式正明倫重，快睹光霽燦爛，御輦旋時，佳氣鬱浮於仙杖，出爐。

烟裊芳馨，繚繞於龍牀，翠蓋之騰輝，共仰乾光，映日覽碧旒之耀彩，儀鸞鳳駕連。

雲，衣冠色動，躍在藻之淵，典趨蹌珮，咸觀汗濤至之風，馬綠草出秀於遙輦，江鶴倚影。

於朝陽。臣等，悔切面墻，欣咸育躋，縱擁趨鸞坡之迴，恍隨游夏以升堂，軒墀依山河之度，如見

曾顏之侍坐，身心虛，如坐時月，以移忘事業，戀長歡，稀星而不深。伏願道脈遠承洙泗。

不作人不愧虞周一代，珪璋出乎摸琢磨之内，萬方鵬鶚，在人君網羅之中。臣等無任瞻天仰

至云云

# 謝頌九經書

宏治戊午舉人己未進士　沈貴

南奎燦徹○入文昭賁象之華○北極揚輝○國運仰離明之象○致淑如春○道明不窮○窮惟泰啟
不經○聖訓於咸陽之燼○漢高不爭○前后還天祿之儲○藜閣起於楊雄○光動吾人之眼○石渠好講
論○崇儒天子之臨○槐市盛陰○衛霸已於扮滉雜○花琦奪歸○言談日入千友離○道然絪縕於
黌宮○而學說頒於博士○廉春秋奇好報○豈仲尼之沒○文不在茲乎○備泉府以理財○抑周公之
志○乃哀定之策○滿庭芳草○國子之含蓄深○一樹奇花○廣文之壇穿窗○風習家由人懷○大
運復自天淵○恭遇陛下、帝穀庶物○文章宣以代雲漢○則天居尊○經緯離三辰珠璧○
薇省積汗青之簡○匡廬賁玉之章○出麻紫陽、沐道腴而增彩○碧山青、海右文都以生

訊書傳切有劉鳳集中場據謂霄漢訊

眷○行疇畫卦、燦瓊瑤而輝璇璣○耀日披雲、光河漢而映斗牛○雜窗漫展、何須斗角之懸○螢火時親、玄胜龍飲之迎○周礼曆專在魯○虞韶已本闕齋○芝檢脩瑤、瑞氣璇（北宋古印蒲上戶蔣郤草是陣蔽光所也）蓬萊之島○崗函影、數丈光透薇省之墟○臣葉、掃節斗之遙日、脉河漢○啟霞訊之鄉、耳習笙簧○鳴蛙井底窺天○壁上空中見日○敢不口誦心維○躬行力踐○窺牖中之白日、以精而而○感太乙之青藜、寅昌而懈○

## 論從祀

宏治時生員　張大海

夫簡取而録功○即一節之士○比比俎豆矣○吹毛而求疵○即千載之間寥寥不概矣○故一時從祀諸賢○紀正誼明道之仲舒○則窮經篤學之法秀也○紀起衰濟弱之昌黎○則學貫天人之康節也○

# 廟祀論

翰林院國寶鄉　張文光

王者握符御命。首建廟制。豈徒禋將饗邑庭燎已耶。豈徒工祝位號牲帛已耶。是故九廟以合享也。示不忘本也。至有時不得不祧也。以親盡也。將廟以世享也。示崇禮也。至有時不得不更也。以理推也。我太祖即位。即立太廟。而分之為九。左則虛昭之三位。右則虛穆之三位。至憲宗而九廟備矣。乃世宗尊太祖于太廟。非成祖于世室。而食報無窮矣。從此至於太祖、乃為伯、為兄、為姪、而祧祢昆孫相祖。則繼體不順。祭三廟而五。平統備以廟而五。至紹則位次嘗倫。迄至小節其也。建文太太祖嫡孫也。而靖難一興。遂削絶祿。以至封正朔。貫於洪武年號。則謬矣也。先入祧。太周炎神。土木之變。又曰殉難遂时阉宦叱咤，上下迷惑，苟非景皇帝（英宗弟郕王）禎登大寶，匡襄家難，堅天下之心，雄往之氣，資練兵，使宗社不殞南遷，伊誰之力也。憲宗（名見深，英宗子，国号成化。景皇帝在十年復郕王帝号，追上尊謚曰恭仁康定景皇帝，不祔宗。）追上尊謚，而未得祔宗廟，不克與太廟之享，以缺典爾。一旦獻考被出安陸，以守藩王禮，尚非面事武宗。追王之禮，出自用孔子議禮之罰，濟之九廟，並列肅宗，建立守臣節後居君上，則九原可起，而獻考在天之靈，猶惟恐其臣諸建文則尚存五年之祀錄（以前歷朝抹除建文年号），景泰則嘗與九廟之大享（景泰帝未祔宗），至于獻考，則嘗撤啟運遺訓，別立一廟以享世祀（嘉靖四年春三月建獻皇帝廟），則禮以義起，亦以权衡，乃今日所當急論也。

附明祀錄嘉靖甲申年論王工建文君曰惠宗讓皇帝，景帝曰代宗景皇帝，改謚，又太子興宗孝康皇帝

## 論從祀

宏治時生員　張大海

夫詩取而録功，即一節之士，比比俎豆矣。吹毛而求疵，即千載之間，寥寥不數矣。故一時從祀諸賢，祀正誼明道之仲舒，則窮經篤學之漢秀也。祀起衰濟弱之昌黎，則學貫天人之康節也。

# 論從祀

仕莽之揚雄，入而後廢；仕夷之許衡，議而後作。他類不歆，詩門或寡，蓋難矣哉。我於理學若臣，採元理于珠囊，薦黃流於玉瓚，蓋蒸蒸之圖也。如薛瑄之志道自任，浩然不屈，切居仁之衛道為心，距邪必嚴；陳獻章之弗忘弗助，便是鳶飛魚躍；王守仁之知食知行，即是乃知乃行。迷之為賢聖，建旗鼓，攻執圭縏組之榮也。畢門圭竇之陋也，屢聘不起之固也。累立奇勳之道也。況讀書錄、皆以太極通書之奧，而居業錄、白沙集，與夫傳習異說，是皆遠溯壹統，遐承忠純。張懋之行道，蔡清之經術，張元禎之操養，羅之嗜，羌夭之溪澗，洺洄洄之師道，而即與文、武，讲心，侍宮墻而分灑獻，必不為仲尼父之所唾也。若夫禹行舜趨，而中未必虛；雕龍吐鳳，而中未必有；或旁搜六藝，表章百家，而竟失指歸，空視盈

道。不啻弁髦之耳。我朝道化作人，新埴樹澤。擲怒蛙，市駿骨。凡不彬彬，第從桂科
目而求奇崛者乎？帖括而延鴻儒，是鳳可羅而鯨可釣也。存之曰：訪如草野有明經術
修、表茂時並，則將加禮貌，以學乎寵之，以張載為文華殿校書者也。或有抱負文
藝、養高林壑，則識拔一人，以崇於鄉之，以徵辟士尸繳，為崇政殿說書者也。或有力學
好古、貽性恬淡，則優加存問，以褒乎節。如賜林逋粟帛，謚以和靖，可也。如是則商山
皓髮，龐衣步武，以瞻光。寵下名流，拔達茹以見用。乎明以暢文明之化，而增熀
之輝也。豈猶窮郡。

# 楚税

冯京

宋英宗问楚税，冯京答曰：楚有衡岳，列七十二峰，以成其雄；南出潇湘，而犹不尽于辰沅。北挹云梦，而山不尽于荆襄。巍然启南国文明之秀。惟鄂州雄武之风，自春秋策方城汉水，夙擅名于天下，非此也。江夏一郡，会江汉以同流，据全楚之大势，因以实赋税窟。但力足以霸，而地不足以王。经粮鱼米，而津近沔藩。夏统一赋，泽居帝王，不加于三楚之乡。故为宜田满而纵盈。丰收，则民厌粳糯；旱涝，则民网虾螺。此夏税为从来积款，不关于贡赋之常也。不税杂物为税粟。上曰：已之。遂罢楚之税。

# 示徐曰仁應試論

王陽明

入場之日。切勿以得失橫在胸中。令人氣餒志分。非徒無益而又害之。場中作文。先須大開心目。見得題意大概了了。即放胆下筆。縱乎所之。（詞）氣必自條暢。今人入場。有志氣局促不舒展者。由得失之念為之病也。夫心無二用。一念在得。一念在失。一念在文字。是三用矣。所事豈有成哉。（此段一般為）將進場十日前。便須練習調養。蓋尋常不須起早得慣。忽然當之。其日必精神恍惚。作文豈有佳思。須每日雞初鳴即起、盥櫛整衣端坐、抖擻精神。毋使昏惰。日日習之。臨期不自覺辛苦矣。（此段工夫）今之調養者。多是厚食濃味。酣飲謔浪。或竟日偃臥。如此是挨氣昏神。長傲而召疾也。豈攝精神之謂哉。（一本愛為）務須淡飲食。薄滋味。

則氣自和。寡思慮。屏嗜欲。則精自明。定心志。少眠睡。則神自澄。君子未有不如此
而能致力於學問也。每日或倦甚思休。少可即起。勿使昏睡。勿使久坐。進場前兩
日不得翻閱書史。雜亂心目。每日只看文字數篇以自娛。若心勞力耗。莫如勿看。務
在怡神適趣。忽充然滾滾。若有所得。勿便氣輕意滿。益加含蓄醞釀。若江河之浸
泓衍泛濫。驟然決之。一瀉千里矣。每場進時。衆方喧嚷。我獨淵然。中心融融。自有寧
靜。蓋出于塵垢之外。而與造物者遊。

# 漕運疏

張添祐

竊漕運之說。唐虞三代。詩書之文。不可考知。自春秋僖公、閉泛舟之役。始皇、飛芻輓粟、以給軍士。此漕運所自來也。漢之粟。仰給於山東。其間有鄭當時、莊引渭穿渠之績。諸葛亮、造木牛流馬之規。是民為給而官為運也。唐之粟。仰給于江西。其間有劉晏、裴耀卿之識堅、賜廣運之號。是民自為運也。宋之粟。總分為四路。其間有許元、不負神宗之舉。張士遜（孫）、莫忘王旦之功。是民為分運而官督其事也。國初定鼎。民用小舟。各自為運。協積江南。其時以秋、皆有屯積。道路遠近均停。民悉亦稱而不苦於運。此我太祖高皇帝、使民便運之良法。自文皇永樂癸未改都順天。海舟罷。直沽之運。常盈列淮浦之倉。仰其便也。轉運用土莊之民。督運用押解之軍。例中節也。唐宋漕運之夫。皆長運。而我則短運。唐宋民運之衆。皆兌運。而我初則截運。此國家漕運之大略也。又考唐宋皆平久晚。改長運爲番休。番休者。即短運之說。又改爲漸運。漸運者。即截運之說。宋世恆用海運。舟多漂沒。後改爲河運。國初一省海運。至永樂始罷。至皇上（當陸年以後係詔復起爲加）又行河海兼運。亦是便於遠近之法。不知專事海則衆有漂溺。第糧米損剝而免加耗。舟至倚次而免迂延。是海運不爲無益也。專事河則道無風波。第洪閘之傳蓄不時。則告擱淺。黃河之通塞靡定。則病推移。是河運不爲無害也。爲今日計。莫若於兩江蘇松之宜於海者用海運。山東湖廣之宜於河者用河運。半天下以屬之海。半天下以屬之河。而漕運之法莫善於此矣。經曰。海運可也。而倭夷之變出沒無常。河運不過而衣帶之水，掏土可塞。於是而論，海運之險，不如河運之安；海運之危，不如河運之安。如伏冀聖明採擇焉。

平江伯因淮浙之險，而疏嶠岳之道；尚書宋禮開會通之舊河；侍郎金純疏黃河之故道，而漕運以通。蘇都御史滕昭因軍家之議，為建長運之策，而漕運始通。運之設，始于洪武，則軍用以挽運，操軍用以出征，屯軍用以守城，運軍用以押糧。四軍皆輔佐太祖以有天下。攻城拔邑，殊死力戰，功藏盟府。洪武操籍為軍，乃賜贍田，所以酬功而報汗馬之勞。死亡之慘，按行軍將傷。用招撫押解民糧，始于永樂。知府趙原因泗堤之險，而有修堤之功。

# 巡河

張添祐

臣察河源、發於星宿。踰崑崙。折而趨積石。乃合雍豫汴以達於淮。奔騰萬里。衝突難支。至臣岡大河之衝。而有兩淮偏側之東。宜當事者難之矣。況國家漕運、悉經於此。乃人之咽喉。從故南行則利漕。而東決則害漕。將去其害而資其利。蓋難之難也。夫河既汴不能合於淮。故漕之憂常在汴。汴梳之門關之疾也。假令汴可無憂矣。則虞乎徐、而危我之汶泗。汶泗定、又虞乎盤而危我之濟濟。濟濟定、又虞乎越、而危我之豐沛。豐沛定、又虞乎畔、而不牢。盡在運道之阨。議者要之於天數則曰不塞便。不塞、則運阻矣。有謂宜盡以人事。則曰塞之便。塞之、犯於久矣。或者曰、河有故道。宜及時與復。不知奪河之必趨。而回注於雜河之故道。此所以察形也。往此河奪之役可鑒也。或者又曰、剏開一河以備運道。不必設，不必往之處。以其難竟之功。此所以終棄也。往者寥洳之波可鑒也。昔宋神宗以司農范子淵開河無功，坐於陝州，籍贓革制。日前以有用之財。興必不成之事。後驅無辜之民。置之必死之地。時以為至言。漢賈讓治河上三策。一曰從冀州之民。當水衝者，放河北入海。此功一成。河定民安。千載無患。謂之上策。一曰多穿漕渠。旱則開東方下流溉冀州。水則開西方高門分河流。興利除害。支數百歲。謂之中策。一曰繕完故堤。增卑倍薄。勞費無已。數逢其害。謂之下策。臣謂今之治河亦有三難。洪濤悍極。沙泥易雜。而過壅滯則其潰也必暴。一難也。海口狹隘。未能建瓴。而境山坳石。則其瀦也必梗。二難也。倚轄縣官勞費以億萬計。而漂沒無時。屑填無關之壑。三難也。然治之亦有三策。上流不暢。則澎湃而為災。故分之由泗而入於胥衝以瀦之。上策也。下流不瀦。則淤漫而為害。故分之由徐而入於胥衝以疏之。也二策也。引丑湖諸泉之水而使之瀦，分築高郵諸堤之石而使之瀉。殺三策也。三策行。則禹之故智不過於此矣。此臣一得之獻，未知有當於重衰否。

## 修慈雲寺記

明永樂戊子舉人　徐文質

龍塘居慈雲寺之上。吐納諸流。引漕艘之水以趨大川者也。歲五月大雨仍注。洪波浩淼。橋堤俱壞。山僧謂余曰。此步騎通渡。居士得毋好意乎。又鄉耆謂余曰。君不知橋之所目乎。昔祝公悦山先鳥性。夜目寒潭。而詣僧云安。以一縣一笠。逍遙墨刹。借佳山水以作芳鄰耶。於是採形家言。修築郵所以護圖卜。收果簪纓相繼。車服日隆。而千里得稱鳴珂。即行人亦佑利涉之澤。至今日碑猶存也。余謀於同里何杜二君，以為許可。因起土為堤，架石橋以渡之。雨山僧月池如北來，抱桑門共寐之。性喜夫山環而曲，岸僻潭幽。中寺基宛若盤旋。戶外之松聲竹韻，雜與流而響泉相應。囑余言以記之。

# 迎親回車文

張誠

伏以香煙結彩。瑞氣騰騰於玉案。笙簫成韵。餘音嫋嫋於虛門。恭迎鸞輿。想仙子之遙臨。翠蓮寶輅。蒙喜星之下降。風雲際會於此日。鼓吹迎隊於今宵。易重咸亨、取女必獲利貞。詩首關雎、君子以詠好逑。男女婚姻、爲萬世之根本。陰陽配合、實人倫所最重。茲仍△姓男△名擇配于△門之閨秀第△媛、卜吉良辰、親迎于家。選茲吉期、結締於寶。良緣由夙締、配合實係於赤繩。佳偶自天成、婚姻前定于月老。更蒙社神擁護、耀光彩於門庭。喜星照臨、燦花燭於洞房。派合二姓之歡。大彰三代之慶。可當宣揚。理宜回俸。是以謹備清酌。潔治葷牢。凡有某府中、歷代祖考、妣位先妣、玉趾親臨。鸞駕以龍貴。有勞賜步。叩承休光。伊於共飲膏膠、個個秘顏添春色。同饗盛饌、生生眉壽宴蟠桃。伏願夫妻好合、如鼓瑟琴。兄弟既翕。和樂且耽。同天地而不老。比松柏而長春。宜室宜家、成百世門楣之光。螽子螽孫、叶千年麟趾之祥。迨返仙駕、揚揚而去。早歸洞府、欣欣而往。回俸已畢。鼓樂入門。

# 下卷形勢詩章匾對

江夏縣曾太
御賜
學士宋濂題
聖主知名
皇明洪武
太祖皇帝誥曰維汝曾泰
懷瑾握瑜鬱鬱有年朕
廷試之下才學第一時
賜汝狀元授翰林及第
以售甯養　鄉里有茅
屋狀元白衣尚書之謠
歲次壬子立

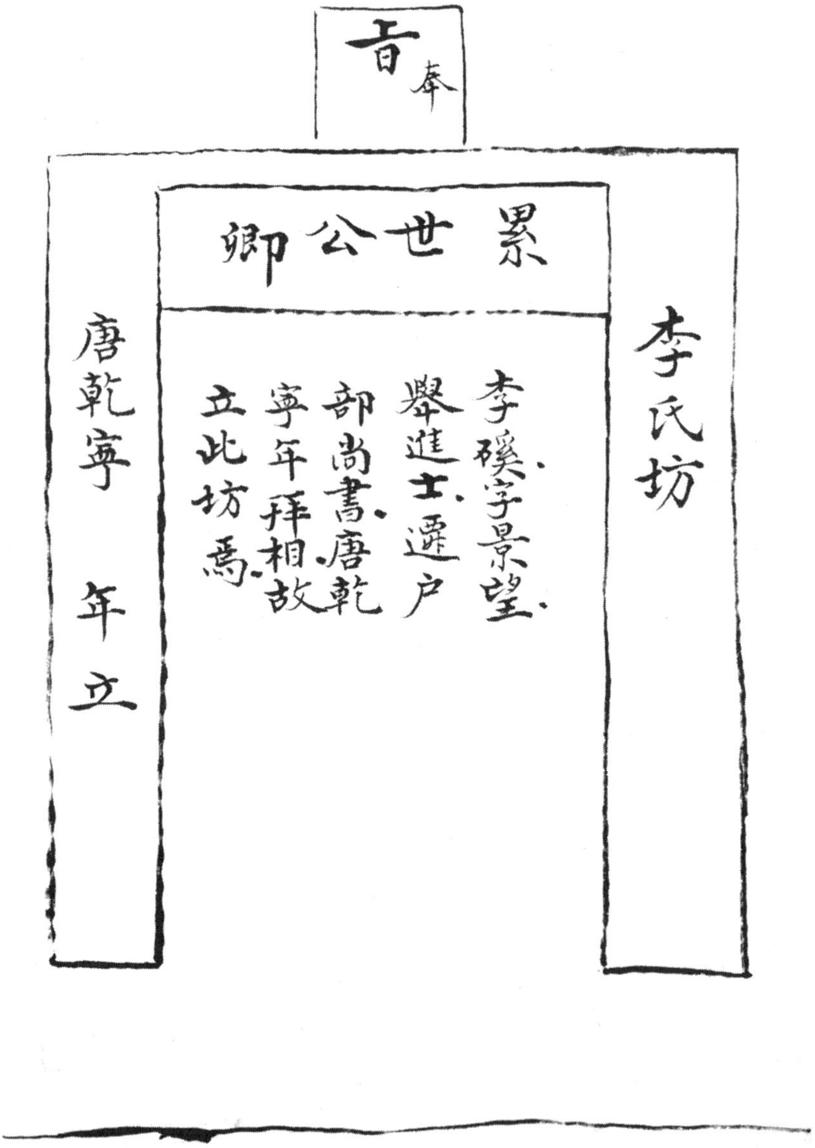
奉旨
累世公卿
李氏坊
李磎，字景望，舉進士，遷户部尚書，唐乾寧年拜相，故立此坊焉。
唐乾寧　年立

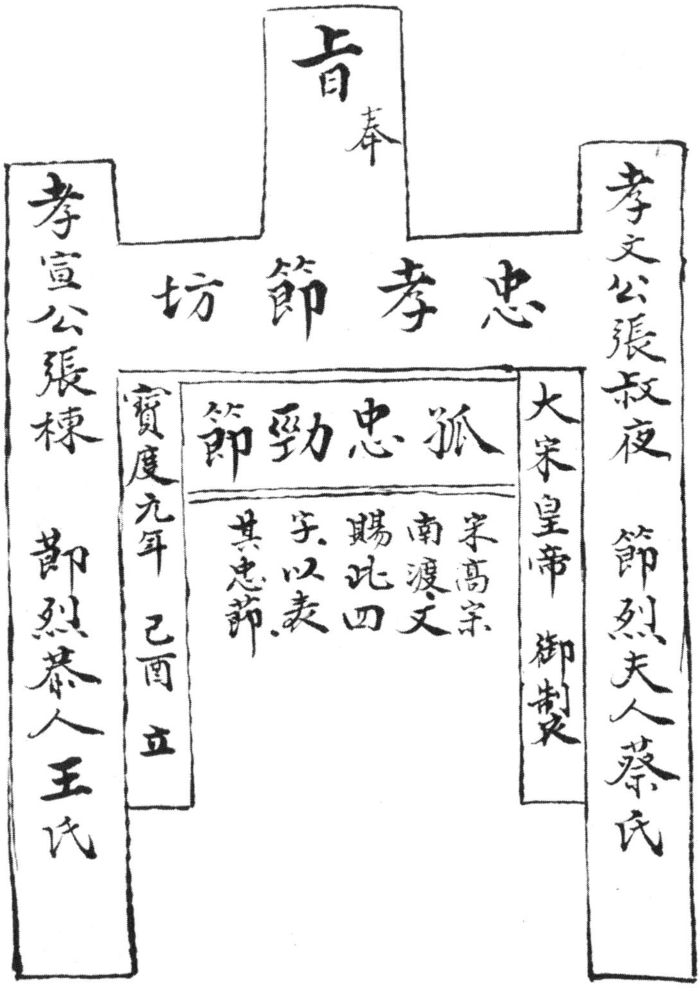
奉旨
忠孝節坊
孝文公張叔夜　節烈夫人蔡氏
大宋皇帝　御製
孤忠勁節
宋高宗南渡文賜此四字以表其忠節
寶慶九年　己酉　立
孝宣公張棣　節烈恭人王氏

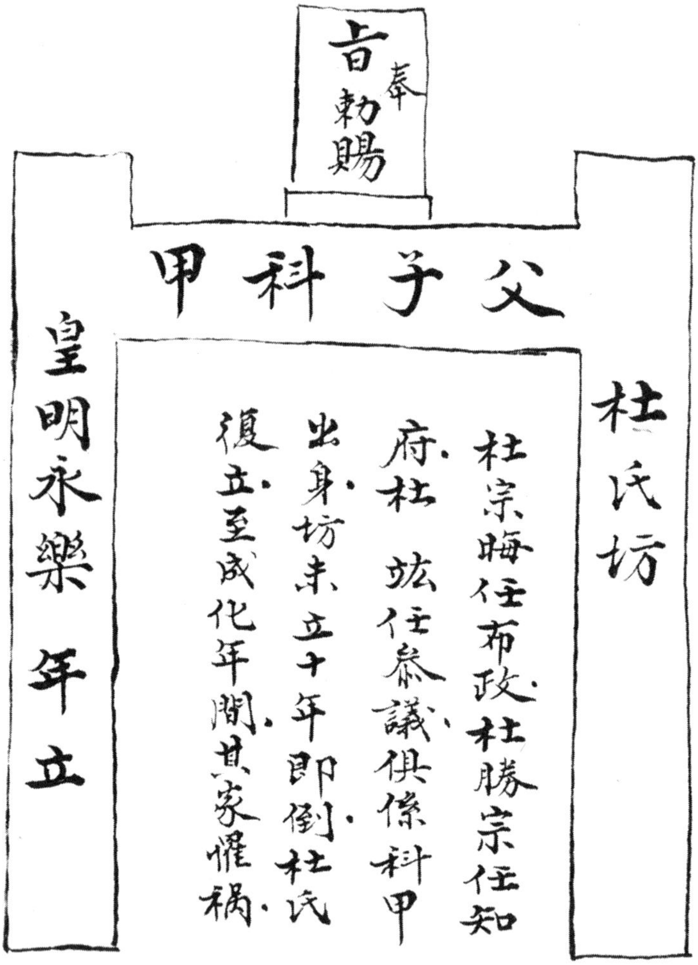
奉旨勅賜
父子科甲
杜氏坊
杜宗晦任布政、杜勝宗任知
府、杜 竑任叅議、俱係科甲
出身、坊未立十年即倒、杜氏
復立、至成化年間、其家罹禍、
皇明永樂 年立

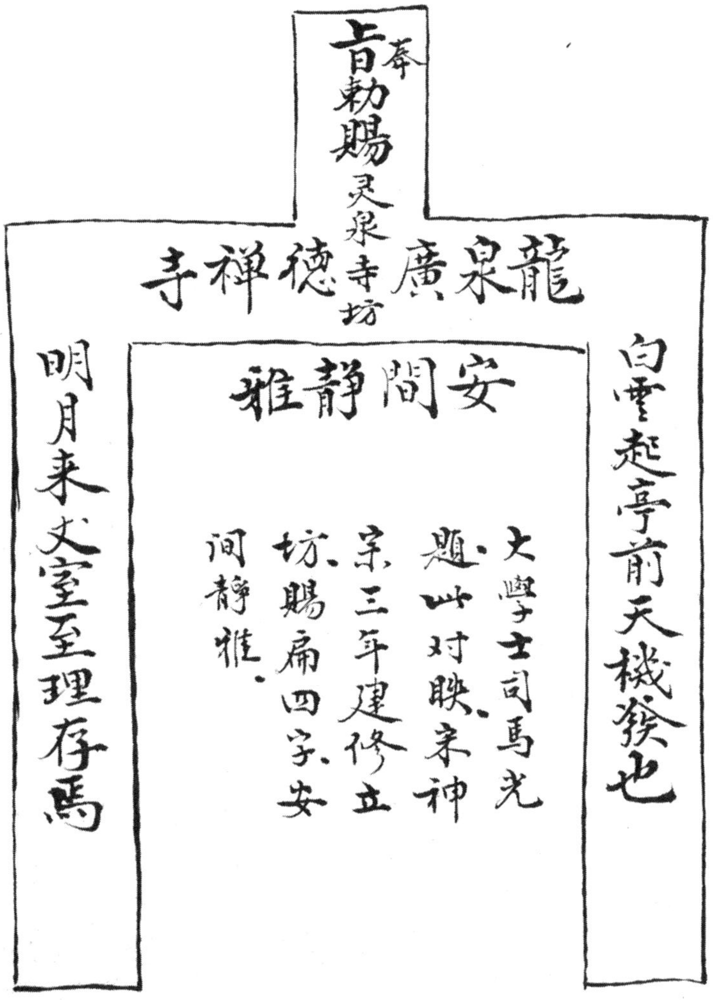
奉
旨勅賜
灵泉寺坊
龍泉廣德禪寺
安閒靜雅
白雲起亭前天機發也
明月來丈室至理存焉
大學士司馬光題此对联宋神宗三年建修立坊賜扁四字安閒靜雅

灵泉山外有山連
絡盤曲可愛俗名
花山有沈如望住
基在島面向吴塘
湖非為罗山土最
員平前潘孝欽
酒之處
吴塘湖
花山
沈如望住基
龍壋
南山尾
北山頭
田
田
田
田

三叉港
桂府
公堂

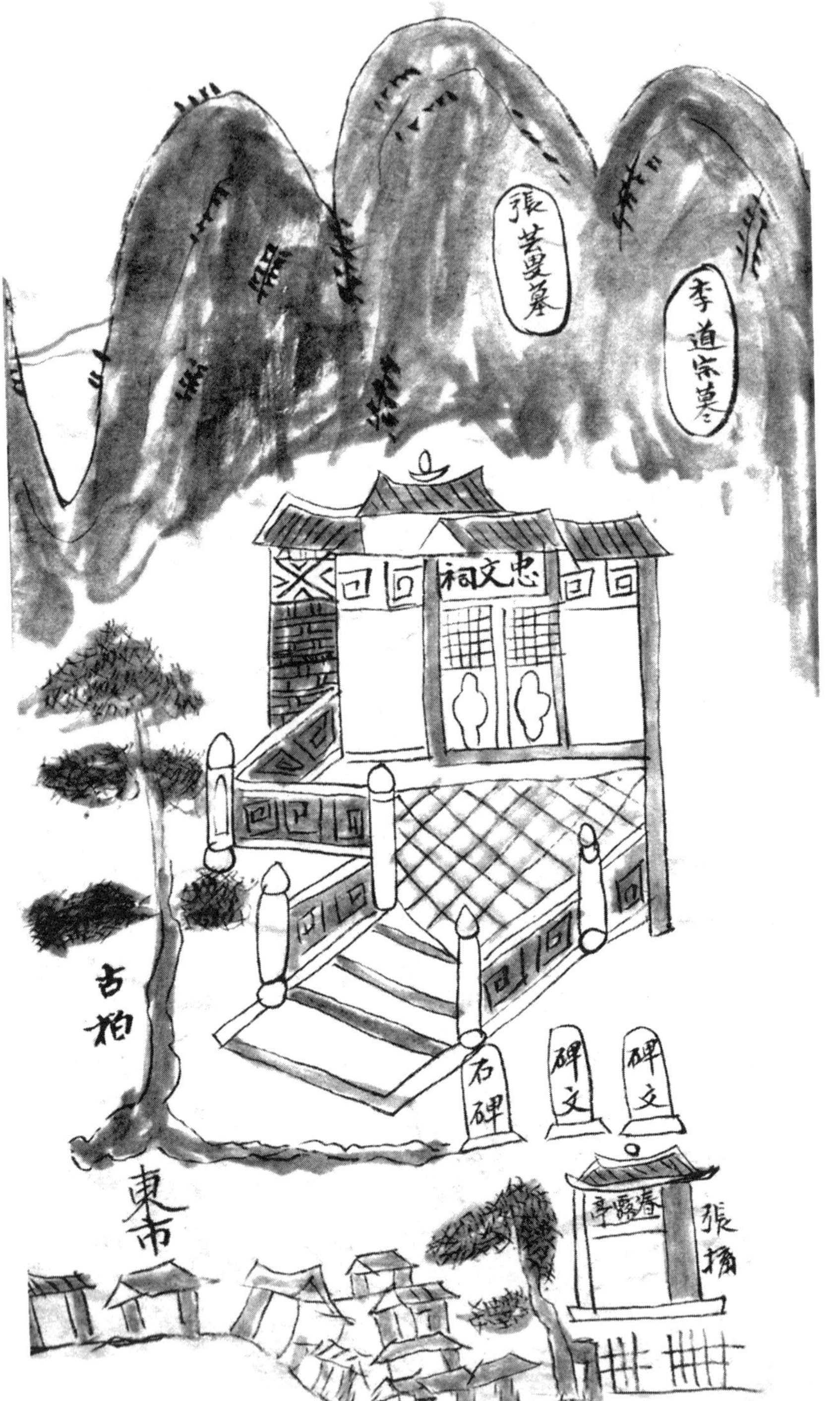
張芸叟墓
李道宗墓
忠文祠
古柏
石碑
碑文
碑文
春露亭
東市

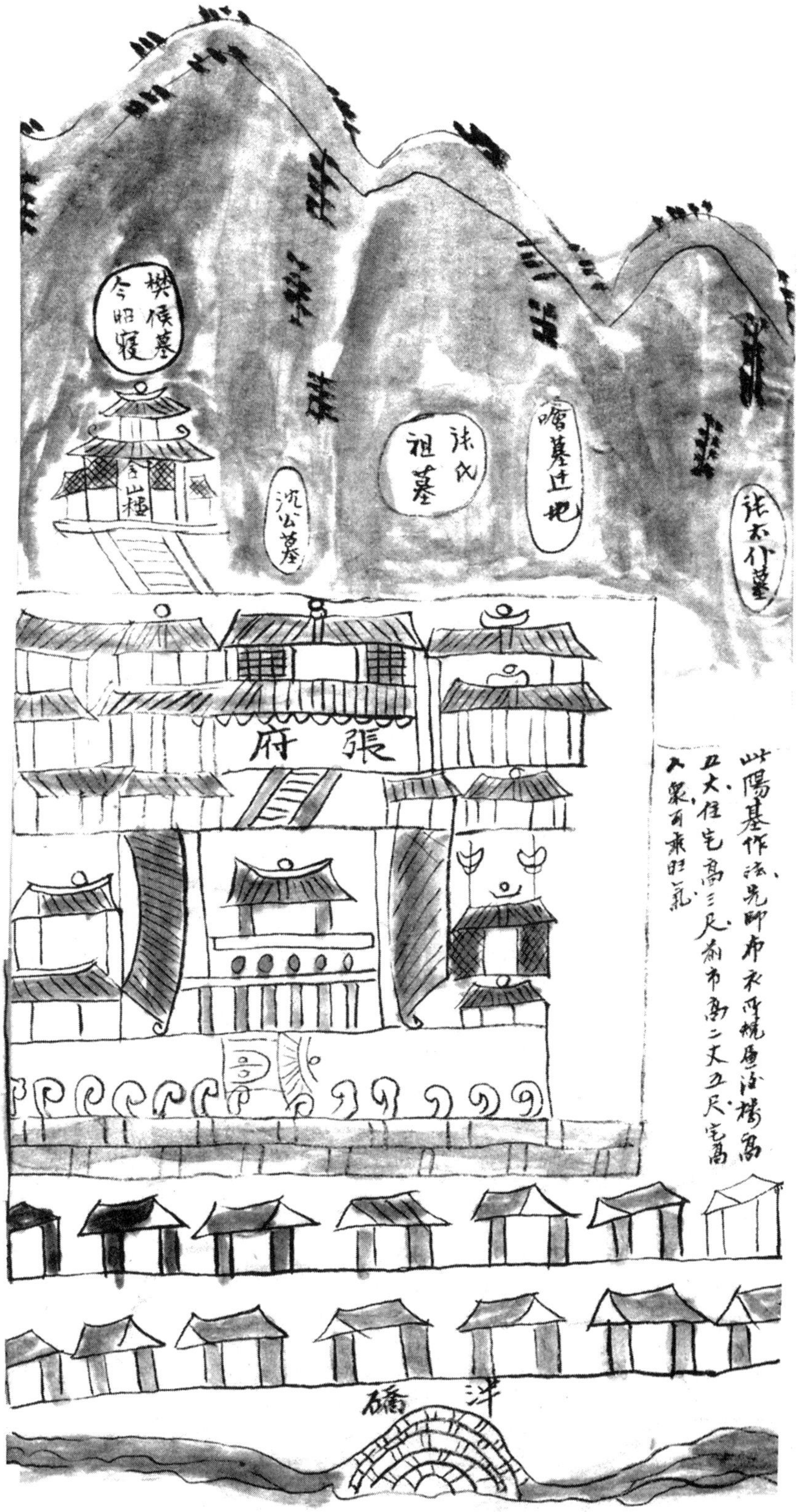
樊侯墓
今昭寢
含山樓
沈公墓
張氏
祖墓
嚐墓迁地
張太仆墓
張府
此陽基作法、先師布衣所撓屋沿樓高
五丈、住宅高三尺、前市高二丈五尺、宅高
入衆、可乘旺氣
泮橋

張天官墓
沈氏墓今已平
鄒公墓今平
鄒府
沈府
千年古樹
西市

沈公祖堂
碑亭
秋風亭
沈搆
碑亭
田

南山頭
內李沅
李穀墓
內有四御紳
墓今那寢
瑞芝堂
萬卷書樓
張輅墓
今賀寢
五桂堂
大官橋
張文淵墓
高僧所架

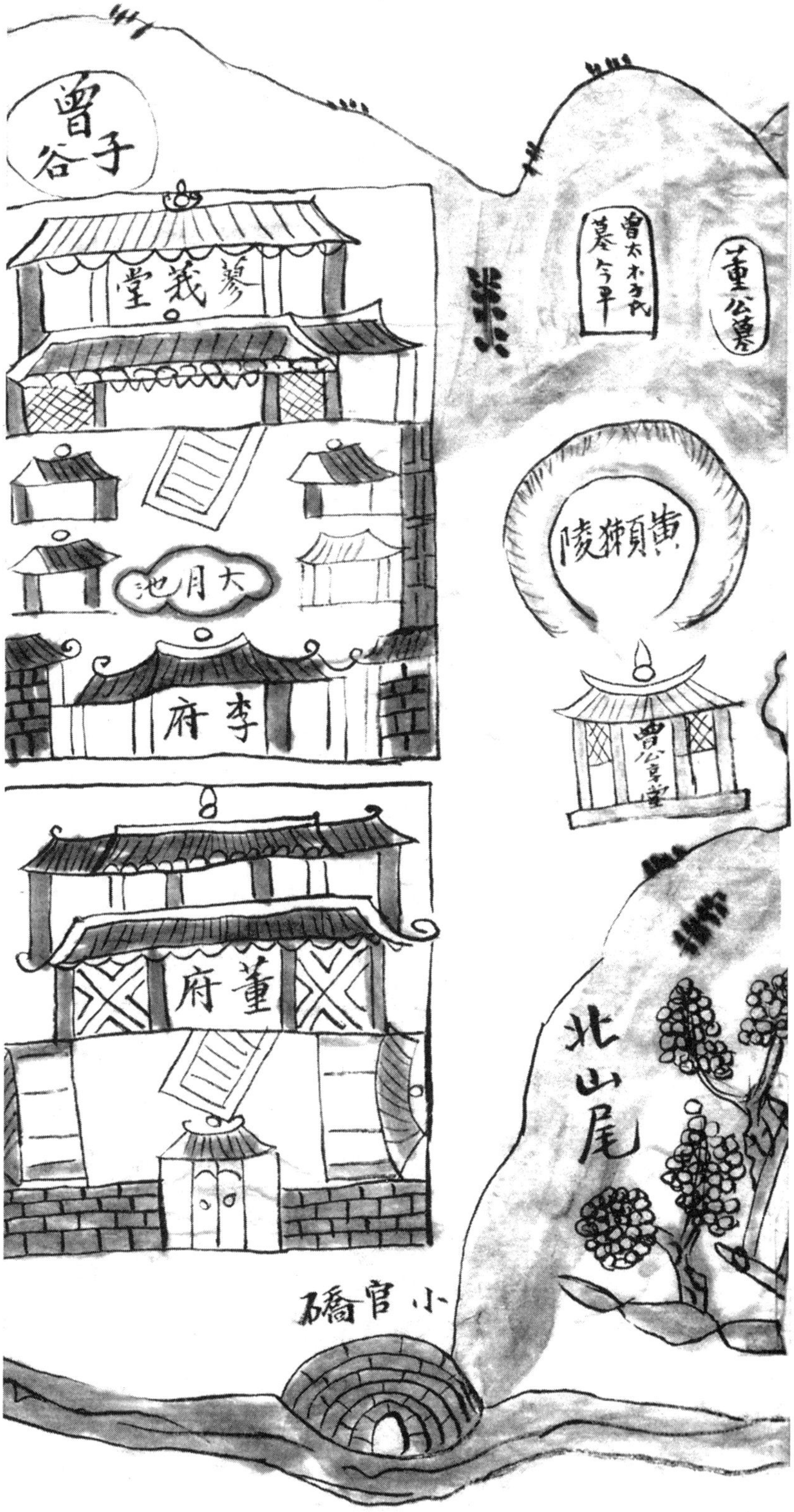
曾子谷
參義堂
大月池
李府
董府
小官橋
董公墓
黃頁獅陵
曾公享堂
北山尾

駱它湾
玉書堂
小月池
督府
張沉墓
樊府
張公享堂
尋樂齋
溪水橋
狀元橋

灵泉寺碑
山水奇观

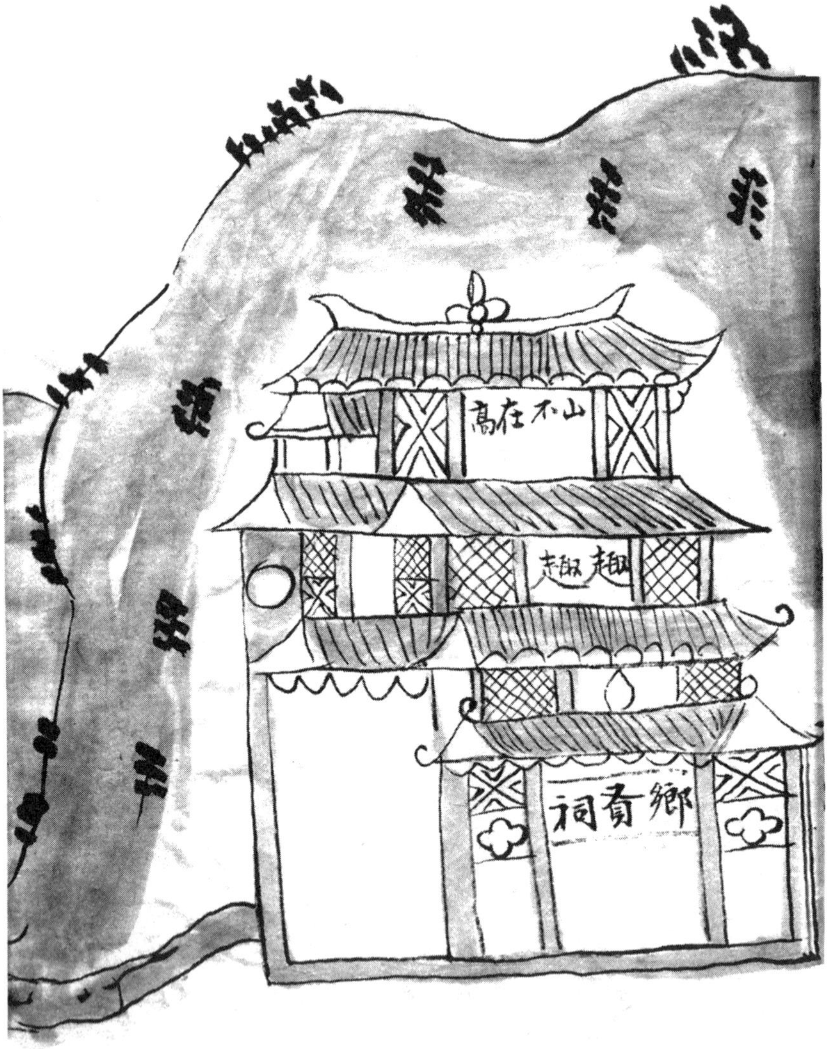
山不在高
趣趣
鄉賢祠

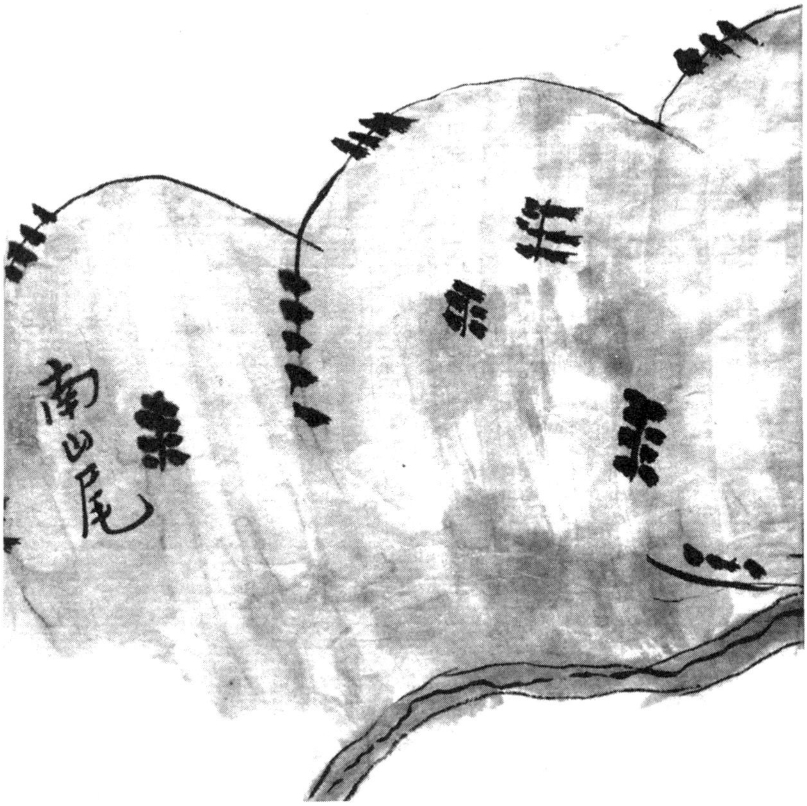
南山尾

靈泉山春露亭、在合山樓之左、乃文人春夏賞景之處。張孝廉出所構、今毁、

靈泉山秋風亭、在含山樓之右、乃學士秋冬咏遊之所、况出自攝、亏廢、

灵泉山、唐李泌建萬卷書樓於此、因地産灵芝、故名瑞芝堂、元處士李宗孟讀書于此、張誠教生徒於内、明李巽又修是樓、今被楚藩所廢、

靈泉山含山樓、宋狀元張㯳
之子舜民字芸叟、于宋建
炎二年構、樓高五丈、柱大如箕、
凡文人學士登眺于上、乃眾
一巨觀也、不幸為楚藩所毀、
今在楚昭王寢前、

靈泉山听松閣，兩山排闥，挺蒼松，揺綠，溪水遶前，每当秋聲風声最幽。西槧愈佳。洪武初，曾泰登第，曾过此橋，里人塊其為市，今在槐音湖之左。

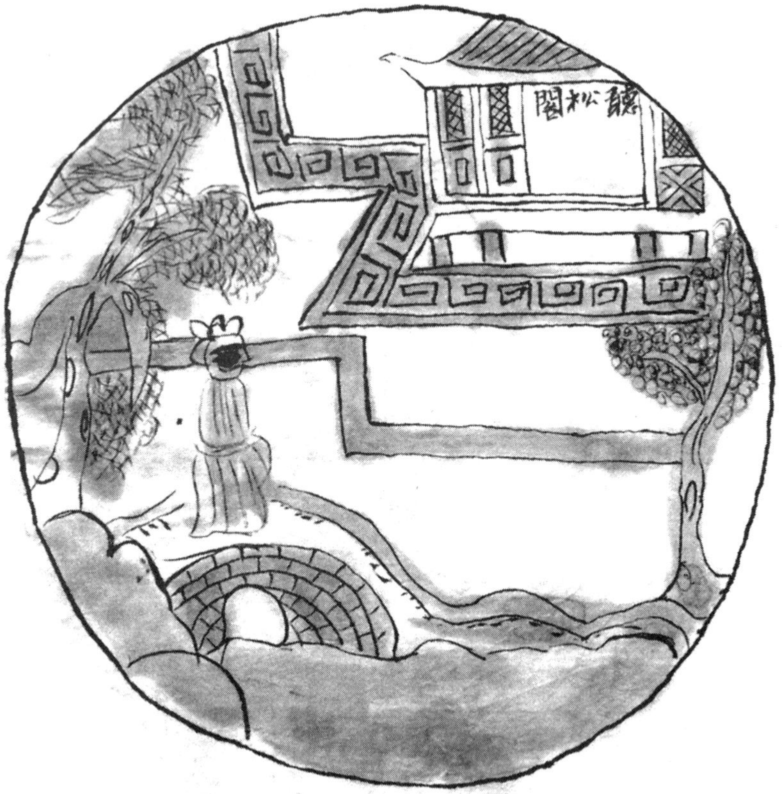

灵泉山寻乐斋、即唐王李道宗之紫萬园旧基也、明初、张诚、孝廉公子斋内盖一卧云亭、斋前有溪水桥、上有溪亭、林吏部少时读书处也、

# 靈泉詩叙

靈泉誌，比。靈泉才子之書也。文人之雄也。才子文人，適以徵山水之奇也。撰其
詩詞歌賦。文字草書，而以泣風雨，驚鬼神，方將駕唐宋而上之。寧第
甲於江邑云爾哉。余館於英山西村，婿趙子仲坤，持是書以示余。獲覽家
乘。讀而壯之，奇而異之。因撫卷三思，不勝低徊[illegible]擊。為人浩歌，擬長嘯
矣。嗟乎。以八家之名筆，而參唐宋之新調。乎中偉男子，奇女子，
皆產於其鄉，可不謂盛歟。從此知千古奇人傑士，大關風會，名出巨鄉。
實鍾嶽瀆也。不獨美靈泉為誌也。而靈泉已有誌。比余日不讀而

壯之。青兩巽之都、遊廷獅、芝崗氏、書於西村廨中、

# 靈泉諸公詩集

## 五言絶句

### 古松 唐相李景望

春風搖鳳尾，秋雨濕龍鱗。歲久含蒼翠，千年與暖春。

### 殘冬 前人

寒風歸去和，陰雨潤枯梅。待看陽春到，滄海一聲雷。

### 靈泉山夜 唐舍人李瑄

山靜雲生石，水清月滿川。鄰雞聲喔喔，寒雁影翩翩。

## 靈泉寺

唐　李沇

山山白鶴雨，樹樹綠鶯松。靜夜清泉月，深山古寺鐘。

## 居第

唐　李闌年

庭菊經霜發，墻梅鬥雪開。蛙從居室小，卻有佳賓來。

## 遊靈泉寺

明天順丁丑元年狀元

黎淳　華容縣人

綠竹蒼烟迥，白雲古寺封。出門三五步，處處有高峯。

## 靈泉山景

默坐松風靜，閒行曲徑幽。峯巒扶地起，雲霧接天浮。

春遊靈泉

牽絲蛛網密，曬粉蝶衣輕。春色望遙迷，空山鳥雀鳴。

有感古松

林深不見日，松老又生花。繞樹鶯新囀，遷喬思故家。

孟春赴館

一路松風送，山珍草色浮。泥融聽燕語，雷動看騰龍。

讀書誓志

夜月驚棲鳥，春雷起蟄龍。一朝春浪暖，要以化雲從。

## 山庄聽農

新秧宵雨插。老桂帯雲栽。滿耳農歌近。声出数重山。

## 宿下陽潭

石上溪流緩。衷淋野生鮮。倘逢江上客。夜伴沙鷗眠。

## 暮歸

晚行先是了。晚步独披風。猶自駕車馬。儦儦出玉驄。

## 尋樂齋

開门見山好。擁書忘早餐。惜花懶掃。徑。晝日不關。门。

聽松閣

木魚鳴古刹，鐵馬閙層巒。洞有神仙跡，松聲月半明。

春露亭遊人

日來花有影，風玉馬黃聲。過客多才藻，猶存山水情。

雨後登樓

水聲到地近，山色入樓多。明月雙溪柳，香風十里荷。

秋風亭

有主花盈砌，其人草堂穴。野烟烨楊柳，踈雨洗梧桐。

## 與靈泉僧

水淺能留月。山高不礙雲。洞門無鎖鑰。生物皆堪群。

## 幽隱

掃徑迎仙客。擁書見古人。問君何往返。我仍葛天民。

## 秋夜讀書

寒鴉棲古樹。寒雁過南樓。月影侵書案。不知今夕秋。

## 秋夜餞別

雁陣過南樓。雞聲報曉籌。長呼斟別酒。身世等蜉蝣。

秋夜有懷

秋入莎雞響，室聲碧蕪歸。不堪回首望，秋憶老萊衣。

飲杜家巷　巷杜宗瑩家北園小巷

西鄰家已醉，此處更何辭。一徑斜陽色，庭芳雨過時。

祝解元王時化母壽

萱花開永晝，桃實綴高枝。座啟南山頌，高堂見玉卮。

祝王時化母壽　庠生張泌

玉女開池苑，芙蓉正看花。特來介眉壽，顏色勝丹砂。

春愁吟　張誠

滿眼黏黏看。乃憐人物消。百年三萬日。誰值於春宵。

題慈雲寺　杜一山

慈雲寺，地如盤形，內有玉露井、金蓮池、杜氏家廟，今人呼為玉盤是也。又云：黃安水拂玉蓮不產，往人必中元時，張氏振仍東門杜氏福州大寺，殿後西北坑裏杜家橋之上丈餘旁增一畝，只刑乃盤中，擇塑人欲擁此場，快甚。

玉露井中月。玉蓮池上花。只堪山僧有。不許到人家。

豐禾山書房　張廷模

秋高長夜永。誦讀自親燈。山鳥驚窗夢。鄰雞報五更。

前題步韻　庠生　五雲　張廷鳳

秋吟揮彩筆。夜讀剔銀燈。為愛窗前月。光明照五更。

山齋　庠生　張廷秀

禪想羨石冷○洗硯愛泉清○此地忘幽僻○渾未時依名○

孟宗母墓　庠生　張大寶

花開蝴蝶徑○草滿鳳凰山○哭竹何年事○猶存青塚間○墓在肖城内鳳凰山

玩蓮　杜鋐

日高花晒○錦○荷舞魚窠○機○不盡桃細意○青頭疊綠波○

過花山　沈如筠　山在沈家坡，因山多紫荊花，故名花山。

雲連山不斷○山接雲無窮○獨過石坡下○荊花滿地紅○

登城　　張添祐

城上風冷。江中冰氣寒。戎衣初日定。歌舞入長安。時大學士李崇隆在湖廣鎮兵遇此作詩贊之

雨後聽琴

茂林雨後歇。窗子把琴歌。曲罷微風入。冷然幽意多。

小園

前園新種竹。不讓野人居。窗下旋沽酒。士賓好著書。

賞紅白梅

片片香風動。樽前雨窗吟。石上揮殘雨。波間碎白雲。

## 歸途日暮

目擊山川遠○心懷雨露長○窮途日已暮○歸去馬蹄忙○

## 湖山暮景　杜宗梅

山谷疎鐘動○峯巒水面斜○亂鳥啼歸樹○落日樓遠霞○

## 靈泉寫景　沈如筠

春風來幽徑○古木出微霄○虎跡帶雲動○亂峯送夕○陽○

## 秋園　李磦景望

落葉鋪芳徑○飛花遶田欄○一樽留好友○勿負此詩壇○

湖山暮景　張添祐

山寺疎鐘動，堆漁伴已稀。悠然遠樹裡，一片白雲歸。

靈泉初夏　張宏

歎花新蟬噪，閒簾亂燕飛。偶來雲惹袖，閒步風飄衣。

移居　生員張學懋

靈泉初脫業，來住豐禾灣。團屋栽松柏，依托龍鳳攀。

大有奮起之意

豐禾 靈泉山庄居　生員張廷讚

行從峽口出，雲伴石行圖。別所茅廬屋，閒門即見此。

有不忘靈泉之意

董公養老堂　沈如筠

百年閒散誕。莫羈爲異家。終日裏逍遥。自在學神仙。

完賦吟　張尚德

禾黍青山外。桑麻綠水邊。官租輸已畢。斗酒樂殘年。

沈宅看梅　張鍾靈

自愛新梅好。行尋一徑斜。不容人掃石。恐損落來花。

偕友入王禮渡樊口　樊時中

風生漁唱晚。月映客歌秋。心緒莫窮語。此時乘一葉舟。

# 靈泉五言律詩

## 張叔夜石坊 被楚愍藩據

功名由學問，忠孝自天成。一旅破金虜，孤軍入汴城。梅枯氣不朽，名斕節由存。今日思丰采，南湖拍酒人。

## 張府石橋坊 有甲第五坊今楚之藩據

張恆 吏部源治之子，字北宸，太學生，洪武時賜南昌府太守

遠岫雲九紀，入門山滿堂。烟霞生牖闥，只翠滴衣裳。石眼穢摘卧，松高鶴正翔。居然成野趣，聊謝歸衣鄉。

題東泉居第詩

和石坊詩

## 琴樓 今山樓下一層名才子樓於是

學仙愁未遂。頗亦好樓居。小築眠尤穩。主賜主獨餘。地連南北衛
窗近斗牛虛。更好招黃鶴。遨遊任所如。

## 飲石蓮峰頭

是楊家崗，山形如盤，故名石蓮。

為愛芙蓉石。披衣到絕顛。一山青如削。千翠自相連。樹杪迎（映）杯出。雲
心扶杖還。不財歸迷返。紺傍列星眠。

## 過酒家飲竹間

竹裡茅茨屋。溪傍秫稻田。疎林延夕照。晴於響春泉。農務時相
岁。韶華客更憐。松醪殊不淺。醉抱白雲眠。

北園留客

山園春正好。客子莫匆歸。興盡何投轄。樽空更典衣。風翻花席亂。月動影觴飛。一坪螢燈白。誰與狂藉沉。

楊繼本書房斑竹

舊有湘妃竹。新從北野移。龍鱗抗帶雨。鳳尾吟抽雲。近植至園史。幽藏避客卯。微風陣陣入。搖曳點齋妃

醉登白雲樓

白雲飄渺外。煙樹畫中迷。坪沙心杭爐。情濃意醉痴。江聲聽浩蕩。山色

賡參為應吳黄州賦流連赤壁詩。

燕京署中寄

宮舍渾如寄，栽花但紀年。須將荷製服，不必藉如船。西岳尋仙晚，東林結社偏。囊中無一物，兩袖清風還。

靈泉有感　　張雲翥

山色日佳麗，碧天遥憶愁。兩峯雲並起，萬壑紛齊流。入户挂松柏外，堂坐鶴樓。黄昏成點淚，何日到滄洲。

過雲夢渡蟻橋吊宋公序宋子京　　張翔　白谷

宋代有佳士○慈航一葉舟○川流日夜逝○古木雪霜稠○野跡征人面○夕陽山色幽○題詩憐往跡○猶照過橋頭○

除夕　沈鍾

一歲一宵盡○明年明日來○寒隨一夜去○春逐五更回○氣色空中換○容顏暗裏催○風光人不覺○已入後園梅○

客中除夕　張璧

璧、字別山、明湖州人、崇奉宸翰、承泉州界祖居
來、承以今世乃有功、條狀一篇、退居某之山人、

一夕逐何夕○他鄉是故鄉○看人兒女大○為客歲月長○戍馬無休歇○關山正渺茫○一杯柏葉酒○未滴淚千行○

見妓者

正德癸未舉人　李璋　李璽次子

昨日東窗下，相逢一笑中。紫羅深護髻，紅袖半遮容。玉帶黃心節，繡帷來許同。可憐深夜裡，竟夢廣寒宮。

雲山道人題

地幽人到少，來訪老僧家。野雲籠日樹，靈景隱梵花。獻茶談禪訣，翻經念法華。陟彼崔嵬處，山光入畫賒。時嘉靖丁未冬，方刻靈泉寺石壁乃考。

楊溥　春日懷歸　石首外人。洪武間老，與吏部張添祐為莫逆交。

一看春又晚，歸計是何年。旅日依秦樹，青山隔渭川。鶯花迷故國。

城闕起秋煙○獨上高台望○浮雲自有情○

江閣聽雨

黎濬 天順丁丑狀元

驟雨鳴江閣○飄飄類放船○離尋千里夢○不洗古今愁○
漁火分煙浦○新詩上沙樓○莫記五灘左○白眼望南州○

聽鶯

李季嫺 秀街 文母 沈宏之妻 鍾祥

黃鸝曲曲聲不斷○裊裊和松枝○好鳥行供[illegible]○秀峰正賦詩○何須
彈流水○不必奏咸池○一派鳴天籟○惟留逸趣知○

雨中鸝聲

張玉枝 張烈婦、字玉枝、係忠烈楊繼盛漢[illegible]女

也知聲走露。孤夢許扇劍。月叫三更。殘花愁萬點。深

歸魂當帶血。遊子更迷心。況是風吹雨。啼濕經暮柳。

和族兄登科

張玉嬋 名月

皇都瑞氣浮。雁塔對龍樓。霞彩照垂屋。脊風吹紫騮。

赤虹堪自抱。皎月問人投。所喜成名日。雙親來面珍。

輓姮槎雲 槎雲名昊

張玉霄 名昺

長夢何時覺。歲終不返鄉。空窗杪鶴淚。野樹夜烏啼。緑

鬢遺霜早。黃泉悔恨遲。春風吹夢暮。草掩淚但裁詩。

前題　張玉藻 名昂

憔悴與心傷○無言只斷腸○淚從今日盡○別是此番長○
滄海渾難夢○黃泉不可將○芳魂心杳杳○何日更同行○

寄鶴山張添祐 時沈公如筠年邁、添祐官南京、登家第、故沈公作詩以寄之、行刻鶴樓卧碑乃從　沈如筠

寥歷遠山意○渺茫憑無碧○綠夢云冬夏○彩煙照朝夕○
張子海內奇○文翁廊岩辟○垂君多夢想○安得老松西○

聽松閣 時四月八日佛生　前人

對地尋梅熟○學堂遇佛生○神深花鳥寂○風靜妙無清○

一座維摩偈，連床玉局情。歸來猶作夢，香雨片簾輕。

飲將軍閣 即樊侯祠

片地藏幽勝。臨軒水一池。鳥鳴留客意。花發洲賡詩。倚檻涼風到。鈎簾永日移。沽酣閒說劍。渾似鴻門時。 即樊侯事深

又

靈泉山有感

碧澗魚龍躍。柴門松竹憐。雲山誰是。主。風月合為。賓。

又

湖紅連照色。鐘聲接綠蘋。何曾逃世網。壯志消煙塵。

又

靈泉夜雨

遠岫秋光淨，四圍碧玉明。千山當鑑出，萬壑入杯和。
浮世催山往，古泉潑作茶。採奇閱素約，一嘯晚風清。

## 靈泉山居

張添祐

高臥山家初，為農百畝鋤。春煙生綠浦，秋色入空山。
落日孤村靜，臨流幽鳥閑。杖藜人事絕，擣沙樂餘年。

## 遊九峰

步韻李西崖遊九峰作

翠壁西來就，脩篁沒窅幽。誰云彼岸渡，不向此山盤。

## 又

峰色圍出（雲）淨，煙光暎月明。松風吹古院，馥玉仍雲翻。

梅伴竹

竹爽梅花好。梅花爽竹香。竹從梅裡得。梅向竹邊藏。竹愛梅蝴蝶。梅愛竹鳳凰。莫將梅比竹。梅竹正相當。

秋夜懷蕭簡 張鍼

沈如筠

寂寂幽山裡。愁人半夜眠。殘燈棋散後。暗雨花飛前。已悟莊周夢。虛揮鍾子絃。思只增悵嘆。不覺月光圓。

群英夜衡文

張鍾靈

今夕是何夕。群英戰筆時。鹿鳴期早叶。驥足恨淹遲。

老桂分三種，輸君見一枝。久懷夫子壁，自愧善沽之。

送子赴京　欽予社生

太史掄才日，當兒獻賦期。十年如箭御，一脉葉同遲。

又

滿擲千金價，黃衡國士知。風雲成遇合，努力報明時。

尋樂齋　一本作閒日

永日那閒居，經年未藝書。捲簾調白鶴，憑檻對重魚。

笑語諸知樂，遨遊與衆殊。豈須下身世，天地一茅廬。

登岸望赤壁

又

自入黄州路。山形戴霧紅。赤雲飛野鶴。丹壁照江楓。
不是將軍壘。只懷學士風。殷勤舒望眼。盡在月明中。

夏憩山庄 即李家庄

又

爲愛風塵絶。聊傳處士家。竹雲浮不定。村日淡初斜。
门繞隋堤柳。庭栽梁苑花。悠然避暑氣。河朔盈未加。

張欽，字祖望，曾讀書于此，乃潘程之家園。

桃園示兒

吾兒讀書處。山靜石爲门。宅舍無三畝。桑麻自一村。
涼風翻案帙。半日壓盤飧。不見莘田叟。囂然此道尊。

## 勉力學

夜半寒窗下，蕭條三兩更。
猿猴攀柳嘯，蟋蟀傍階鳴。
展卷看難厭，恍恍睡不成。
男兒當大用，未肯負生平。

## 春園聚友

家眾喜春花，我惟羨好友。
韶光三月三，花事九月九。
好友會難逢，春花與豈儔。
君看美少年，又是白頭叟。
（不負一朝）

## 春郊有感

張添祐

滿地皆春草，掩紅映淡庭。
一生渾似夢，萬古復何思。

白首啣杯看青山依舊時。最憐獨媼皆高垣不纍之。

靈泉別業

張必貴

溪邊楊柳月。竹裡兩三家。抱郭青山遠。依門綠樹斜。澗肴高士巻。碎玉一庭花。此意凡夫解。清風尚未遐。

李園李花盛開 李時亮之園

張添祐

春日和風煖。滿園李正開。徧林雲綴簇。漫樹雪成堆。濃馥勝青菊。芳姿比臘梅。君家連壯譜。歎是乎知新。

秋風亭小飲

沈如筠

何日不堪歸，青山滿石城。葵柳甜宿雨，黃雀噪新晴。
槐夾風塵色，蓋傳禁牘名。童冠供五床，推手話生平。

## 春露亭玩景

張添祐

宦夫營世業，我獨愛清泉。白水含春浦，綠蔭被廣原。
蓮心兒已知，愚拙豈徒然。滄浪濯纓日，風光在眼前。

## 靈泉僧房題

沈如筠

年來惟好靜，散步不關心。自許青長策，高車返故林。
松風吹解帶，山月照彈琴。衡廬人境寂，漁歌入浦深。

踏春日暮　沈如筠

谷口疎鐘動，漁樵伴已稀。悠然遠山暮，獨向白雲歸。菱蔓弱難定，楊花輕易飛。東皋春草色，惆悵掩柴扉。

靈泉居第　張恒　洪武時賜南昌太守　添祐之子

遠屋雲如砌，入門山滿堂。煙霞生石澗，蒼翠滴衣裳。天曉霧初。臥。松高鶴正。翔。居此成野趣，那解是名鄉。

靈泉桃園　明進士　沈貢　沈鐘之子

三月桃花放，妖嬈處處同。千枝齊映日，萬朵並迎風。

西子宮粧美○楊柳碎腰纤○湖光春色滿○常作灵泉中○

## 靈泉龍池

宋 張文淵 舜民之子

龍池春水盛○遥望煙雲連○百畝風潭濶○一川幽鳥眠○
金鱗時出沒○綠堤更延綿○千古沙源在○長虹掛碧天○

## 靈泉初春

張鍾 力麟

乳燕穿晴雨○新蕉生古瀨○閒居觀綠徑○野步絕紅塵○
沙灘三家店○花湖十里春○登高舒青眼○別是一番神○

## 南宮有感

元進士 張起岩 澤中

秋虫鬧壁底。唧唧不成眠。已廢詩書志。未完酒債錢。

平生好飲也。一醉觴為仙。但願歸農圃。山間學種田。

## 樓中遣懷

元御史 張養浩 賓王

日日登高樓。高樓可遣愁。層層山樹秀。疊疊峯巒幽。

自羨禪流約。陶情嘆詠籌。湖光山色裡。隱隱媚蓬舳。

## 靈泉安壇長老自題

元武進士姜村代止主安出家 知求未遂皆名道遂

張瑛 法名安祐

禪林云依物。妙的只只花。度世盡迴世。忘家者出家。

繼解通六藝。云醇演三車。迷覺原同性。敢心是釋迦。

### 太清長老像

太清，姓李，諱元明，號桂溪，第洪武初年，自少修養延壽。

張誠

座上看童面，戒粹迷玉光。
林中惺窮霖，物外擲行莊。
出罷青牛知，鶯鳴赤鯉翔。
古來的道地，棲息太清鄉。

### 送孫尚德之監察

張添祐

階庭消玉樂，斗沼夜相逢。
星月懸秋漢，香風入曙鐘。
曲中鸞別緒，坪裡添歡容。
明月臨江外，青山外萬重。

### 含山樓秋色

沈如筠

秋高天萬丈，樹下氣蕭森。
苔靜風聲徹，山只月色深。

俯壓亂石入。人了渾茆僂。一遣樊籠累。惟餘松桂心。

秋風亭 一本作凝靈泉六景

明戶部尚書 曾泰

青壁垂阿古。只亭阮菴薈。奔馳雲矗矗。迴合水洋洋。

松柏沙垣秀。芙蕖月檻芳。揖山拱北斗。日擁即吾鄉。

靈泉瑞芝堂 一本作洞賓亭，附李氏樓遺迹 一本作沐瑞泉李菴樓

沈如筠

有屋夾山幽。何人歸居此。祇洞問之翁。那識異也羨。

明月從東來。好風衛北起。何處更吹簫。似在長陽裡。

白雲跡，不知何處，或曰即今大峪沼山云，馮京嘗構樓於此

沼山冬夜讀書 讀書于此，又元次山亦築書齋讀書于此

馮京 當世

憶昔讀書日。琢磨又琢磨。砥行十載苦。傲雪三冬多。
石壁穿風鳴。泉塘月影過。川流幾曲折。勿令嘆蹉跎。

南還思君　張舜民　芸叟

朔風入汴梁。宮殿冷凄涼。久別東京路。長留三楚鄉。
丹心因暖日。動節比秋霜。王國城何在。歸思淚滿場。

徽欽二宗埋骨五国城

附録

南還賦

又

南遷江夏兮。白雲紅葉滿瀟湘。思我祖父兮、身殁沙場。思我父母兮、身死他方。白溝河邊、常顯忠魂。（双夜祝　十藩河）太行山上。時临殉魂。（枝我　古今山）寄心因漆矣。寄思向汴梁。我樹哭竹的孟宗。扇枕的黄杰。祭千古忠臣孝子。同是一樣心腸。見不見山冊々。糸花々。千里離情千里長。都望他鄉與故鄉。

靈泉詩七言絕句

晚朝歸　宋　張商英

女蘿月上松千尺。鶴夢林玲玉一灣。晚卻羽衣身已倦。卧消閒處且消閒。

山溪書屋　張去華

茅垣靜掃樓雲室。野鶴潛通宿霧池。鳥導落花催進酒。月來修竹擁題詩。

乘月登樓　張元載

天橫與落照千里。地入巫荒接萬山。三峽暮雲催賦筆。九秋新色動高攀。

春日榮歸　張孝

驛路迢迢與緩行，和風送暖馬蹄輕。花香桃李流春色，入耳笙歌是太和。

與沈學士　　張徽

官比彭澤先生隱，柳似柴桑處士栽。閉戶書前看古史，清閑就是神仙胎。

與李處士　　張國安

門前松家鶴常歸，畫看清理韻自佳。夜酌脧時言作伴，萬蘆方受潑茶家。

九日夜詠

一鈎淡月飄長空，愛說南的狂客風。莫笑黃花辜負酒，黃花也笑子朦朧。

惜花春起早　　張添祐

深院沉沉曉起寒，海棠開過玉欄杆。枝枝粧束雲鬟亂，獨自携將架上看。

愛月夜眠遲　又

素魄初浮碧海離，清光已透繡簾帷。夜深灼灼樽前會，獨倚東樓興未歸。

詠牡丹下伏雌　又

富貴花開富貴家，那知野鳥戀名花。山中本是時和物，也學春風度歲華。

曾氏垂崖竹　又

雨過棋園（園）翡翠湄（迷），瀟然溼壓鳳毛低。青鸞那怪琅玕險，餘夜歸來不敢棲。

弔王氏荒園　又

空階苔滿半生塵。郭外苑花冷落春。為問當年歌舞地。飛花還是惜花人。

柳絮　又

祇道柳條管別離。楊花一去不思歸。簷前惟有蛛絲網。挽住青山不放歸。

春邀友漫遊　又

鶯聲宛轉拂春衣。載酒尋芳樂不違。松下盤桓梅下飲。三三兩兩詠而歸。

辛浩典試滇南歸江夏邀之　又

文名卻借青氈重。國士應因白璧收。身世昔年歌夢幻。花間十日許淹留。

春日歸雁　又

風雲天風急切御齋一字緘書萬里心記得時來搖曳處綠楊堤畔又春深。

梁湖疎雨　又

瀟瀟盡處見平沙。雨打圓荷葉葉斜。怪得清風多點綴。藕花深處迷菱花。

客船　又

江水悠悠日夜流。得停舟處且停舟。世人不識風波險。直到風波險上休。

月中折桂應制　洪武廿七年甲戌科欽賜御宴命翰林分韻詩一絕公中探花題云　又

一柯玉樹在天間。留與凌雲才子攀。臣向廣寒宮裏過。帶來重殿獻龍顏。

紫萼園　又

溪水悠悠遶畫亭。山爲好友月爲隣。花開後苑成佳趣。高卧雲間萬竹青。

尋菊

又

黄花何所愛秋塘。惟羨凌霜獨自開。於陣清涼飄野徑。山鄉滿日未停林。

慈雲寺壁上日影

又

萬年渾如流水過。光陰未許暫停羈。人生碌碌忙過去。古往今來讓與台。我也

八分山龍王廟 山神最灵

嵯峨古寺對江天。上有白雲下有泉。何事消情忘永日。青山綠竹兩流連。

觀桃園

又

春色無边說不盡，桃花灼灼笑開顏。等閒識得天台路，流入神仙洞裡來。

元宵晤慈雲寺僧 僧名湘源和尚，寺在三法家橋比，地形力盤，方伯家祠，永來附。 杜宗晦

春行春山春夜天，無心行到慈雲边。老僧寺裡玩明月，携手行逢又一年。

又

蛙鼓靜中閙洞天，清風明月到池边。禪房不宿行堂客，瀟洒雲中那計年。

詠竹 王屺

清似夷齊立首陽，平生高節傲嚴霜。名昭汗簡修青史，也會得扶雅字香。

詠畫中花小鳥 張通 長空

好鳥奇花奪彩形○花與花氣鳥與新○任君騎射送殘春○花不彫零鳥不驚○

送客　　　　李盛

花底飄蓬不自由○歸心日夜向東流○入門作客江湖好○誰料江湖易白頭○

發解題智謹按：靈泉寺在中岡州，元十二歲讀文章，家貧，棲樹林，禁之誅方，遂已未弱冠，御試第一，賜進士，慶書士等刊刻書版之事，年廿六　　　　鄭智字汝愚

靈泉菴內古書出○僧窗三巴第一名○世上許多難了事○都人何用大於鐙○原籍四川合州

獄中寫懷明成化廿三年丁未冬十月丙子，星變，詔求直言，智上書被禍下獄，蓋刊書版謗訕也　　　　又

人到白頭終是盡○事垂青史定誰真○夢中不識身枷繫○又逐東風入紫宸○

辭朝　　　　又

盡披肝胆知何日，晝見衣裳只此時。但願太平云一事。孤臣甚死更何悲。

豐禾山齋集古　張廷讚

我愛山中草色芳。就將茅草結為房。於今月色通幽壑。一片花陰累短墻。

退老靈泉　張光翰

閑洞久云親鎖夢。看山聊與白雲親。自憐白髮常為客。誰道青山不負人。

賣花郎　洪武初有文宗刘維謙芳茲真名畫第一　有刻解縉名氏也

芳紫千紅色色新。擔中挑盡洛陽春。一声喚入紗窗內。惱殺梳妝對鏡人。

又

紅紅白白滿擺擁，齊齊叫過汝陽橋。樹玲多少風流女，笑倚欄杆把手招。

## 四藥名　張添祐

沈公指景上是牽牛、茴香、檳榔、防風四藥命題，故遂成詠。此詩可作笑談可也，不入詩選。

呼童半夜去耕田，來到江邊去渡船。只得和衣灘上臥，蓑衣箬笠在身邊。

## 應制詠鴈

洪武二十一年戊辰科殿試不限韻

狀元　任亨泰　襄陽人建切自此始

羣拂霜毫帶曉空，依稀作出碧雲端。飛言飛句飛空偈，南國詞人仔細觀。

## 又

榜眼　唐日震

不須搦筆枉疑猜，客裏年年見幾回。日日中原頻寄字，盡從砂磧帶得來。

## 又

探花　盧原質

借天爲帋海爲墨，寫出瀟湘半幅圖。別有元和新樣沙，閑誰勝此一竿秋。

## 又

傳臚　解縉

見說家雞堪自愛，誰教野鶩自紛如。奈何不度衡陽路，顧我徒知習漢書。

## 休歸詠

侍講　張師德

嵐漲山寺松萬箇，茅簷屋角竹千竿。此生不逐風塵境，、往泊中煙雨仙。

## 秋夜雨

詩寓思親意

閨秀　張琪　字含英

秋雨沉沉滴露長，夢難成處轉淒涼。芭蕉葉上梧桐裡，點點聲來欲斷腸。

## 悼亡

柳乃長洲籍，其夫張祥，永樂廿一年舉人，不幸早逝，柳日守大因作悼此詩。

閨秀　沈碧柳

菊老梧桐正暮秋。閒齋獨坐轉生愁。可憐野鳥知人意。也向西風叫不休。

## 題燕

玉嬋，張此峰法之女，錢惠為配。嘗夫歿，以激夫也。大率工詩不第，以夫奮勉，如第舉孝列甲，官至太守。

閨秀　張玉嬋　名月

如何不傍畫堂樓。頻逐東風上下飛。將采芹香銜未回。嘴邊只自帶泥歸。

## 解燕

又

深山飲泣夜吹簫。報以兒郎奪第歸。昔日庭前逐燕。打与也向畫堂飛。

## 詠蓮

一本作沈如筠

董禮

源頭活水滿方塘。淨植亭亭壓眾芳。世上已無周茂叔。不知今日為誰香。

## 含山樓觀燈賞月

時說添祐設杜家居，值元宵夜，集沈卯儀家子弟飲於含山樓上，出自嘆賞稱不已，於此以觀燈賞月為題。太史廣育王西日回歎太平氣象。

張添祐

天然淒雨海棠沾煙滿樓台月滿家○犹象年年回北斗春宵何地不燈花○

張學懋

煙月樓天一片沙○陽春到處即為家○人生有酒須行樂○兄兄弟弟共玩花○

張學文

高堂鶴髮兩垂沙○笑指銀煙月滿家○耐視遐齡齊北斗○兒孫進獻椒花○

李時亮

天官樓上月堆沙○最喜詩家共酒家○更有星橋十二座○人人同賞太平花○

杜宗晦

月殿風來萬頃沙。高粧火樹墜君家。含山含盡千般景。遍種山門桃李花。

張　郁

樓台疊疊月鋪沙。疊疊樓台燈滿家。只月留人人醉月。村村玉笛橫吹花。

張　才　舉人

銀漢高騰碧海沙。紫簫吹月春歸家。紅粧火樹元宵夜。散入江城滿市花。

張　璞

滿輪皓月千村沙。天上人間共一家。燈火重重歌舞地。風光正是上林花。

張鐘靈　解元

含山月色水如潮光照千家與萬家○月至中天燈至市人人攜手去看花○

張　宏　進士

月色沉沉水似沙○樓中歌舞是誰家○人間一刻千金夜○試看六街處處花○

張　祥　舉人

龍鱗五色現丹沙○特賜常燃伴汝家○且盡畫堂今夜輝○那分月色與燈花○

沈道中　封君

河清海宴風雲沙○喜見當頭月滿家○更有銀燈透網散○賞心樂事宜看花○

沈　壁

一峯明月似銀沙○高照盈堂玉馬家○十二闌樓千夜火○蜂疑步步盡梅花○

沈道倫 筠子

天開盈鎖玉律沙○紫至綿城似府家○灯火輝煌當夜飲○清歌艷舞錦添花○

沈貴 進士

燈乃交輝朗玉沙○陽春白雪處君家○年年此夕共留飲○堦前芝蘭庭有花○

沈泓

中天月照玉樓沙○把酒觀燈自一家○說道盈門全不禁○五人歌舞盡春花○

鄒彥邦

灯似月兮月似沙○春從海上到人家○詩歌與好獻獻月○坪倚南樓共採花○

鄒彥魁

樓上樓前一片沙。今宵不比尋常家。千年此家萬年月，共慶天王富貴花。

張添祺

玉宇無塵浮似沙。欣看春滿到人家。銀燈載道笙歌近。將迷狀元馬蹄花。

張欽 字祖望，鍾靈子

長只月印天心沙。將是蓬萊仙子家。處處笙歌人盡醉。春宵何地不生花。

張學悟

朗朗玉山月似沙。乾坤何地不為家。試問春從何處至。江南遙寄一枝花。

張輅

楼籠灯火燦籠沙，元宵送喜罕萬家。自去自來街巷火，一天星斗燦梅花。

張必貴

笙樓一曲澈雲沙，玉律回家（春）月滿家。天子樂民民共樂，鸞鳳笙簫樂天花。

張敏

光聯奎璧度佳沙，一曲春花太平家（歌 [illegible]）。盛世融和新氣象，投留明月伴燈花。

燒灯賞月共飲樓上，比詩人廿四，詩廿四，實一時佳會也，亦千古奇聞奇賞也。余讓靈泉誌詠，詩罷後因吟一絕：群賢畢集在高樓，賞月燒灯樂事休。歲月新（清）詞相唱和，千秋萬古仰名流。

長嶺山藜滿歡冬月易氏記

白頭鳥集玉簪叢　張添祐

祐字仁一，號鶴山，晚號允横，生于洪武元年戊申，至洪武甲戌年登進士，賜探花及第，官至南京吏部尚書，祖居靈泉山下。父誠，字孝康，謚簡肅。祖參陽，字賓玉，謚文忠。誠與允於洗出墻為業，遊文物多往還。山北有一書齋，名曰舜亦，以為紫芝閣，吏部少時讀書處也。一日沈公至齋玩花，見玉簪叢中忽有白鳥集于其上，命祐詠詩，祐方稚年，遂磨墨驟筆，乃成一絕句，公讀罷，贊曰：尊有仙氣，瑾琳瑩上人，進于此，非天才而何。

此詩携刻卸代上之，以祐中採花，更陶天臨孫者名其世

宴罷瑤池王母家，翩身飛上紫雲車。五釵落地無人拾，化作東南第一花。

詠燈花　又

初沈公云：以含蓄為妙。詩成，評云：清雅絕妙。

高渾竹只

開時渾不見春光，一蕊紅缸冷焰長。簾影斜風深夜靜，只愁粉蝶暗偷香。

詠梅　又

發恨開時不肯開，一開便占百花魁。江南多少真消息，盡是枝頭拔下來。

## 訪靈泉山雲遊道人

芒鞋竹杖為尋丹○
山隈重重煙火枯○
枝上相逢若可詩○
松風十里一溪雲○

按張山訪見此道人，曰此間住不自御，我去你便來，題壁而去，至今靈泉石壁上猶詩句，日後張山卒時出中為仙。

## 又

## 掬水月在手

金盤午夜濯春蔥○
一片冰輪握掌中○
莫道指尖筋力軟○
也能攀出廣寒宮○

曾泰見此詩曰，昨閱古詩中，有掬水月在手之句，此作足見才思，凡古詩中人不悚，道此別有天地非人間。

## 梁湖玩景

梁湖裡樹密如雲○
恰是滄海一粒珍○
莫問山川誰作主○
總來漁艘不堪羣○

舟出樊口

盡日圍尋興未涯。又乘收了上星槎。村前沽得閒江鄉。何處青山不是家。

蓮花池

天花一種出芳（方）塘。千態有媚繞尋芳（常）。愛綠貪紅深一賞。歸來襟袖有餘香。

卧雲館

掃地焚香閑閑眠。簞文如水帳如煙。客來夢覺知何要。掛起西窗碧接天。

靈泉閒閒亭

張添祐

閒亭芳草溪邊幽。一帶青山作圖（畫）。祇有白雲閒不得。時時出沒萬峰巔。

蕨萁　　　　又

一拳打破地皮穿。握住春風不放拳。直候炉陽時節到。放開龍爪與人知。

植梅　　　　張潮　百谷

欲度梅花雨後移。移時尚有未開枝。不知帶得春多少。却問梅花也不知。

台上觀桃　　　　又

春日尋芳上五台。滿花灼灼笑顔開。等閑識得多嬌蕩。紅逐波流不肯回。

詠海棠　　　　鄭彥魁

高燒銀燭照紅粧。不要乾坤入醉鄉。卯時未醒春恩重。君王帶笑出沉香。

殘杏

又

玉律潛催次第春。前花已謝後花新。半開半落閒園裡。何異榮枯世上人。

勉人力學

又

力學須求日日新。莫貪嬉笑負青雲。六經造就精微處。發憤方為人上人。

又

又

萬言倚馬羣欽奇。放筆豪吟寫錦詩。莫道蟾宮無路入。文章便是上天梯。

又

又

曾說讀書如煉丹。莫辭辛苦莫辭難。節節開盡回茅塞。勉強學問漸近安。

贈長老　又

朝中宰相五更寒。鉄甲將軍夜渡關。山寺日高僧未起。算來名利不如閑。

隱逸作　張芸叟

湖邊半畝一白沙。流水柴门是我家。老叟山中無一事。自鋤明月種梅花。

又　又

青山隱〻水迢〻。秋尽江南草木凋。二十四橋明月夜。玉人何處叫吹簫。

詠漁翁　李宗孟

雨後沙虛古岸崩。漁舟移入亂雲村。歸來月落汀洲暗。認看妻兒補網燈。

又

又

網破無魚缺江殘。遠觀茅店口流涎。欲脫簑衣來當此，只恐明朝是雨天。

詠牧童

煙雨冥濛草色稠。村呼村喚遇林丘。聲聲莫向南山牧，昨日南山虎食牛。

贈陶居士

倦遊歸飲白雲鄉。芳草閒亭晝日長。晉世衣冠門外柳，幽人獨自說柴桑。

永榮北狩回朝遇雪命博士詠詠

一片東來一片西。不沾柳絮不沾泥。蒼天知主回鑾駕，故剪瓊花襯馬蹄。

飲瓊林宴應制各詠攀桂一絶 狀元吳伯仁 御批奇才

騎騄飛上碧天台。親見嫦娥把桂栽。昨夜廣寒宮未閉，被臣和月攬將來。

又 榜眼邢。御批天才

昨登九洲三島眺。吟成起鳳騰蛟詩。月中丹桂連根拔。未許旁人折半枝。

又 探花張添祐。御批雄才

仙桂原來未敢攀。一朝扶起與天齊。腰間拔出黃金斧。定折蟾宮第一枝。

上在丹鳳亭讀忠孝經問世間何最好 張鍾靈

丹鳳來儀宇宙春。中天雨露四時新。世間行事忠和孝。臣報君兮子報親。

夢東窓半月　又

昨夜東窓睡正濃。夢魂飛入廣寒宮。嫦娥憐我青年少。劈破銀盤作會同。

祝公溪 在慈雲寺上　知府 杜勝宗

盈盈一帶水平流。綠竹青溪眼目幽。昔日祝公家未遠。門前將過也須留。

萬卷樓 即瑞芝堂內　明進士與吏部同族 張鳳翼

古木陰陰覆草堂。長年來此試文章。日中寫就凌雲趣。閒拂紅塵家晝堂。

含山樓追次張鶴山韻　明舉人 黃塡 元之

垂衣在御應懷沙。灯月邀遊太宰家。玩取心參寬大詔。萬方枯木解生花。

又次含山樓元宵韻

閬苑田來錫錦沙，恭逢灯宴慶王家。相公又際夔龍會，小子欣開智慧花。

詠夾山

張添祐

綠樹蒼深隱萬家，双龍拱送兩溪斜。踋林東嶺峯巒出，無数青山擁落霞。

楊繼本用陳句寫之，只易幾之便宛然曲肖

綠樹蒼深隱萬家，双溪夾送山城斜。踋林東嶺峯巒出，遥数遠山擁落霞。

和仙詩韻

張添祐

身跨白雲居上頭，飄然四顧任遨遊。桑田世事知多少，萬古青山幾度秋。

按洪武九年丙辰郭沈二家請仙，仙題一絶句曰：逍遥散淡駕雲遊，云抅云束到處遊。不管人間閑甲子，只圖天上度春秋。仙索和，衆默然。時添祐方九歲，和之。仙云：靈山才子，想王麟來也。去。

## 遊靈泉山

張鳳翼

遊春看看春去矣，緩步山村買沙錢。共上靈泉絶頂處，蒼煙綠竹碧雲天。

石首縣閣老張璧，字別山，張伏一之後。隆慶年，奉旨踏勘靈泉古墓，丈量山界，至寺題壁而去。

南北高峯聳碧天，山巧靈秀媚靈泉。雲深蕭寺無人見，笑傲煙霞自在仙。

# 靈泉詩七言律

## 南道吟

叔夜官樞密院爲南道總管以禦金兵死難。宋丞相　張叔夜

挺兵殺賊恨無功。今日西來明日東。叨受皇恩三十載。休辭汗馬百年庸。
運籌嘔盡心肝血。決勝勞成肚腹蟲。但願太平齊唱凱。莫教塞上鼓鼙凶。

## 死節

宋狀元　張棟　季槐夜之三子也

蒼天福宋賊兵狂。報國心殷恨未央。白髮今將埋野徑。青丘此日喪黃梁。
滿懷皓氣赤虹貫。一片孤忠明月涼。辜負天親無以報。只留姓氏狀元郎。

## 哭祖叔夜

宋　張舜民　芸叟　棣子

千秋事業總成空。松柏淒迷老樹逢。雁過一聲青塚月。雞鳴何處景陽鐘。
還母已卧靈泉久。回首未蒙馬鬣封。滿目傷心雙蝴蝶。不知血淚幾番紅。

哭父棟　又

當年把筆占鰲頭。此日荒涼土一坵。詔闕久虛宣室對。遺書只憶茂林求。
陸沉天地千峯淚。寂寞文章百代愁。知是仙風餘韻遠。青山半數行泉流。

隱居靈泉　張潮　百谷

獨守清高貧賤休。不甘爵位不封侯。讀書談古白雲屋。採桑栽花緑竹坵。
淡淡平平無岸意。滿滿洒洒少憂愁。古今如許逃名客。應使巢由默點頭。

## 登含山樓

李宗孟

危楼百尺对高峰，只在雲烟缥缈中。绿竹遮门幽似洞，青山入座爽如風。日边画阁由梯达，天上银河引路通。始识灵泉景物好，山南山北與山東。

此闺秀张玉婵云含山楼上诗百篇，不如李家美少年。

## 過靈泉寺

張添祐

雪绕芒鞋踏草新，桃花揉碎扑衣塵。隔溪怪石原為友，異代喬松身是鄰。作賦莫教巫峽雨，尋幽不類漢宮春。如何物我忘形日，古洞相携有五人。

## 九日登高失約

杜鈞

自入江城未得歸，与物候尔雁南飛。龍山落帽風猶舊，陶徑吹衣人已非。誰把香醪酬令節，強將詩句詠斜暉。可憐不得登高興，辜負名山此度巍。

白燕應制　　曾泰

洪武五年壬子三月，選舉天下名士十七布衣，召見應制詠白燕，不限韻，賜翰林及第。

閒庭盡日見還稀，院院梨花去漸微。別殿於年埋玉匣，舊人何處認烏衣。春風水面徒聞語，夜月梁間好弄輝。安得泚家紅縷綠，卻看仛雪帶花飛。

御批溫厚和平，得風人之體，賜翰林第一

白燕應制　　時大舉

春社年年帶雪歸。海棠庭院月爭輝。珠簾十二中間捲。玉剪一雙上下飛。天下公侯誇紫頷。國中儔侶上烏衣。江湖多少閑鷗鷺。宜與同盟伴釣磯。

白燕應制　袁凱

故國飄零事已非。舊時王謝見應稀。月明漢水初無影。雪滿梁園尚未歸。柳絮池塘香入夢。梨花庭院冷侵衣。趙家姊妹多相妬。莫遣昭陽殿裏飛。

白燕應制　周子諒

來到故國伴侶稀。忽聞春語捲羅衣。輕過楚巷無人見。作入梁園雜雪飛。送雨迎風終潔已。沾泥帶水應知稀。勸君只在枝頭宿。莫向梨花院內歸。

白燕應制　　　　韋　皐

幾過任所三春之。滿身寒雪猶堪思。垂柳枝上縞衣素。畫棟梁間清語璃。
歲歲玉容不改舊。年年皓首豈為遲。飛來靜夜看顏色。只道梨園月半池。

白燕應制　　　　彭友信

一年好景帶霜翅。秋去春來不敢遲。綠野塘邊兩點雪。烏衣巷口獨行遲。
冰肌好假霜為賦。玉骨願慶（賡）梅作詩。惟愛清光如水波。一身高潔有誰知。

御批鮮然出色

樊湖遇雨　　　　拔貢　樊　鑑

幾年未到寒溪遊。（武昌付近寒溪寺）纔到樊沙又雨絛。千里獨看雲外雁。一身常伴水中鷗。
蓬窓野夢尋常有。前路羈情半點無。却憶武昌市上酒。不知深入醉鄉愁。

## 靈泉寺雪

樊鏞

朔風漸漸送寒來。日午僧門半未開。羽客只宜添短褐。枯松偏自耐寒胎。
苦吟簷角玲瓏玉。閒撥爐玓榾柮灰。料是天心無改易。千山萬嶺少塵埃。

## 靈泉冬景

杜一山

萬物殘冬貫蓄藏。千山只長[illegible]寒光。陰風習習双龍臥。曉霧濃濃孤鶴翔。
松骨挺天枝幹古。雲衣拖地卷舒忙。忽從飄下銀河雪。宛似玉盤映華堂。

雨後踏山　　張添祐

靈泉春色雨中饒。松翠苔紋艷石橋。（山口有橋。）新漲忽泛欹崖出，（瀑布出澗）亂雲陡自平湖飄。（西北一帶呈塘）風過小徑通幽壑。（澗有雲起池中）瀑濺虛巖長菜苗。潑月青山無價買。不知行過幾峰腰。

詠龍　　舉人　張祥

誰稟乾坤氣獨雄。含靈毓秀在淵中。黃鱗奮起投滄海，綠角崢嶸現碧空。變化莫測量亦卜。昇騰物表爲陂節。風雲際會如翻掌。普沛甘霖萬國同。

詠鳳　　張添祐

身在雲天越樣奇。羽虫三百孰儔之。九苞沖漢乘風起，五彩朝陽映日齊。

阿閣降巢臨舜世，岐山飛舞在周時。棲梧不肯同凡鳥，天下文明人共知。

## 靈泉古墓

明生員 張伏一 字退菴

古塚傾頹歲月多，尚留名塔在山阿。烟光天霽時時見，靈影風清日日過。騷客每多酬雅興，牧童時傍起樵歌。披襟遥看幽深處，滿目蒼松鎖薜蘿。

## 靈泉春雨

明生員 沈少崗 篁之後

细霧濛濛春色殷，行吟亦就倚欄杆。池塘綠水添新景，園圃紅花換舊顏。出谷流鶯穿雨過，芳草遊子帶泥歸。青雲縷縷亮山岫，只在烟村樹澗間。

## 頌閨秀張含英

明生員 沈學鳳 篁之以

喜溢门楣賦好詩，夢思明月入懷時。姮娥命駕離瑤闕，寶婺乘祥下繡闈。嬌奪春風花似質，才凌秋水柳如眉。仙姑不是凡間女，定看他年作帝妃。

祝靈泉修真上人 真依姓樊名玄坤

明峯人 李巽

七十年來鬢未皤，靈泉瀟洒養天和。函關老子騎牛度，蓬苑神仙跨鶴過。庭上彩雲飛白洞，階前紅日映青蘿。從今頤得長生訣，惟有高人壽最多。

詠梅竹

張添祐

梅竹相依彷彿同，竹青梅白自成叢。梅知竹守清虛節，竹愛梅施慘澹工。竹影橫梅留夜月，梅花伴竹待春風。莫將梅竹等平淺，梅竹心情千古隆。

## 詠梅雪

三边都堂　張必貴

雪裡梅花最好看。要梅帶雪白漫漫。雪飛梅上添新彩。梅立雪中倍慘寒。
踏雪尋梅閒策杖。既梅詠雪共凭欄。看梅看雪方成趣。看雪無梅少趣難。

## 詠梅月

張郁　文憲

寒梅籠月影含英。月上梅梢異樣明。梅待月來方有色。月從梅過寂無聲。
梅窗過月三分白。月不輸梅一味清。梅月向人真瀟灑。倚梅玩月自長吟。

李嗣溪曰、詩有甚品、如金玉精潤、如蘭桂雅淡、方稱名貴、君家三作、換仙骨而脫凡胎、可名之曰仙品、

春飲春露亭　　張鍾靈

沈公石田、集邵光禄、董礼、曹閑等、在春露亭飲酒、行一令云、三春又三春、三勝逢三奇、新旧両個口、口可請詩人、趣趣乃比究罰、張鍾灵題曰、

春官春令帅春華○春詩春酒春色嘉○綉會綉遊尋勝景○奇逢奇女摘奇花○新鶯迁喲新喬木○旧燕仍巢旧主家○字字草成山水趣○此句有一本作好景可人真可玩

与竹歌舞夕陽斜○

附和原韻　　沈石田

春風春雨春光華○春水春山春景嘉○新柳恋鶯鶯恋柳○折花迷蝶蝶迷花○尋芳客入尋芳徑○買酒人投買酒家○去是路兮归是路○馬頭相對日頭斜○

酬春露亭飲

宏治戊午元　張鍾靈

爲愛年芳美少年，東風吹我袖翩翩。行過紫陌紛塵起，吟到落花流水邊。費舌韻調金縷曲，馬蹄飛散鐵連錢。家童扶得歸元酒，醉倒玉樓樓上眠。

前題

成化元年乙酉舉人　湯泓

春入吳泉景物幽，呼童携酒遍山遊。紅紅白白花實貌，綠綠青青樹木稠。喚友共賡詩韻切，尋來新蝶意偏留。貪心樂事渾無限，幾度歸來興未休。

前題

宏治己未進士　沈貢

同君百步玩羣鮮。日暖風和正午天。幾樹梨花開帶雪。數枝杏蕊散（放）金烟。黄鶯擲柳金梭轉。白鷺投林玉羽翩。相看青山情不厭。歸來明月滿前川。

前題

明庚子舉人　李友文

景物繁華望眼迷。詩協酒落最堪題。鶴從紅杏花間舞。鶯在綠楊枝上啼。五六隻羣鷗戲水。兩三四個燕啣泥。和風吹歸遊春客。一路春烟送馬歸。

靈泉詠雪

明給事中　李時亮

明生員李綱溪，時亮之父，優通五經，博洽群書，與張孝廉、李僉憲楊欽，曾見大雪，命題同諸生吟詩。

風攪長空雲氣生○光投曉色報窗明○江湖不見飛禽影○岩谷惟聞折竹聲○
松柏千林如玉樹○樓台百尺似銀城○敲詩騷客憑欄坐○一片瓊瑤世界清○

前題

楊繼本

明洪武初副使

花飛六出滾堆來○搖曳人間燦爛開○庾嶺臘梅雲散亂○章台柳絮風旋回○
登樓頻看謝家（家）○覽景慚誇詠雪才○天上奢花紛斷瑞○連山接水遍塵埃○

前題

杜宗海

昨夜西風鼓角喧○曉來濃凍怯氈寒○茫茫一派渾無地○皓皓三山俱是天○孫
壁壘涼宜束手○灞陵豪傑且停鞭○陽春有腳深如海○郁倚太平到闕邊○

前題　張添祐

誰把鵞毛費剪裁，紛紛飄落下天來。初疑柳絮因風起，又認梨花帶雨開。変作三千銀世界，粧成十二玉樓台。苦吟詞士不知冷，好飲羔羊泛斟杯。

李詩清，楊詩逸，杜詩雄，張詩渾，如漆乎卅。李絅溪先生評

過靈泉秋風亭誌感　張鍾靈

春霽亭前秋草連，百年遺跡總堪憐。故園桑梓多搖落，別業村田於变遷。荒塚荊棘眠枯兔，敗垣短樹集烏鴉。此來感我淒涼意，回首悲風一吟烟。

靈泉世家故業，先代名塚，均為傾覆，爭奪之患，不可勝書，哀請覽。何殊周大夫悲黍離，同此浩歎，因賦一律以誌余感。

靈泉寺　張添祐

鑿破雲根四面空，巖牙高聳古番東。種來松幹枝枝翠，開到荊花樹樹紅。山水綴歸圖畫裏，乾坤放入此杯中。黃冠野服美人管，太古涼風一樣同。

菖蒲（一名蒲劍）　又

三尺青青鼓太阿，舞風斬破一川波。長橋有影蛟龍惧，流水無聲晝夜磨。山岸帶煙吐紫氣，五更彈雨和漁歌。秋來只愁西風惡，銷盡鋒稜特恨多。

祝沈閣老八旬　又

沈公由籍祖貫江西，自先世祖沈祿保沈由安通仕宋，籍仕元，故稱三代衣冠。元末籍自江西徙居江夏県泉山內，不受明祿，終于元也。

三代衣冠三代豪，鳳毛於今起鴻毛。頭垂白髮籠紗帽，眼見斑衣換紫袍。

秋月冰霜堅古柳，春風雨露獻蟠桃。登堂酌上千年酒，壽比南山萬仞高。

祝鄒年伯六旬 鄒彥魁之祖

又

甲子輪流甲又來，長春不老天栽培。清光北海千年節，春酒南山百歲杯。
音繞畫梁並繼曲，花堆天上碧桃開。古今惟有仁人壽，笑看年年戲老萊。

賀沈公鍾之子貢

張鍾靈

貞畫元開甲子新，蘭枝蕃秀應昌辰。鳳雛將造岐山物，龍馬終歸渥水群。
寶樹春風吹瑞氣，玉壺秋水湛精神。前人積德方流慶，滾滾公侯延甫申。

賀沈貢新婚見寄

又

未遇殊勳遇春宵，花燭生輝影動搖。預識伯鸞能奉案，久聞蕭史善吹簫。
乘龍已遂今生願，渡鵲爭看萬里橋。阻遠未能躬對飲，高門應念故人遥。

賀樊鏞七夕新婚

月淡星稀渡鵲橋，牛郎織女會今宵。玉台華延燒紅燭，畫屋濃粧簇翠翹。
連理有花開靜夜，海棠無力倚春嬌。勸君滿飲三杯酒，早占鰲珍京事饒。

壽同年進士沈貢四十

又

昔年岳降產英雄，誕節奇逢馬首東。積善作基天必壽，一恒立性法何窮。
文章五色鳴時鳳，豪氣千尋貫斗虹。四十古來稱始仕，秋香留意為君紅。

嘲友再娶　沈貴

喜君和氣盎春天。知逑別即入洞仙。自許柏舟堅晚節。忽聞菱鏡又重圓。
初施雲雨調新瑟。再整絲桐理舊絃。莫道枯楊花不好。輸君綠鬢尚鮮然。

壽張學悟八旬　沈世昌

幾年垂髮付文王。八度春秋壽屆當。古柏蒼松含造化。高山流水和宮商。
滿庭芳草九春意。一律梅花見古腸。今際太平開壽域。更期鶴算等高崗。

遊春　張添祐

百花開放滿園紅。遍野韶光氣象隆。遙看青山山鬱鬱。近觀碧水水融融。

吐梅白玉村村點。鎖柳蒼煙霧霧同。门外春光晚不尽。賞心樂事在東風。

桃花　又

昔年別院入天台。帶得人间處處栽。一種化工真自在。十分春色為誰開。

玉皇殿上紅雲合。金谷園中絳雪堆。好看禹门三級浪。魚龍變化不須猜。

杏花飲　又

二月東皇醉臉香。杏花開遍玉欄杆。紅光照滿珊瑚樹。紫艷巧成錦綉章。

於度桃風來沽店。一枝春色出隣墻。遊人對此多高興。歌舞花前似洛陽。

暮春行　又

篾度青山逐六郎。清明時節好風光。笑穿綠柳聽鳥遲。醉踏殘花屐齒香。
風急嶺雲飄埛野。雨餘澗水漲方塘。四圍覽景歸來晚。滿耳蛙聲正夕陽。

## 獨坐來青閣

孤館蕭然掩畫扉。微細日影甚依依。白雲片自浮書幌。芳草徒留滿釣磯。
舊社于今恍失約。時名莫昔共拘遊。牆邊惟有新叢竹。日夕清風送藍[illegible]。

## 夏至

暖風送過楚江岑。春去春來夜茂林。梅子園中枝盡蔭。槐花庭外影迷沉。
誰知蛙韻池邊鼓。好借蟬聲柳底琴。天運轉移無定位。一時好景須留心。

早秋　張添祐

昨夜紛紛亂葉飄。遍入秋氣正無聊。滿林楓樹因霜醉。一院芭蕉被雨憔。
綠紛青山初寂寞。瓊林珠戶半蕭條。楚江天只看鴻陣。碧梧枝紛月未消。

李園秋菊　又

東籬誰植數枝芳。點玉浮金異樣藏。豈是心憐春日暖。卻緣性耐晚風涼。
露澌珠雨添生意。霜落殘花到底香。莫把品題歸隱逸。惟從令叟看容光。

洪福寺　又

散步消間到上方。遍入清氣不尋常。蒼苔雨潤沾階翠。黃花風吹滿院香。

寶塔遊來通佛殿，迴廊玩遍訪僧房。老禪坐對圍棋局，那解浮雲半日長。

## 七夕

天上佳期此日當，喜看織女會牛郎。九華灯向祥光靄，石子溪边笑語香。

## 又

月露嫦娥秋尚淺，橋愁烏鵲夜偏長。人间祈乞天孫巧，不管譙樓漏箭忙。

## 含山樓落成

高樓一座立深坪，為喜与物歌舞成。鳳舞龍騰百代壯，日華新燦千年榮。繞门绿水流奔玉，當户南山列畫屏。獨上每梯入境外，青雲霞去有仙鄉。

按樓宋建炎年间、張芸叟所搆也、元末火於兵、明洪武中、仍旧址復加修焉、

## 前題

佳氣欝欝滿華堂。山迴水繞境尤良。屏塗畫棟飛雲影。簷飾雕梁映日光。
百世箕裘成祖業。四時管絃紹書。鄉。傳家惟有道詩禮。塾塾兒孫福祿昌。

## 遊紫蕚園　是年公方十二歲

張添祐

此园乃張氏之名园也。洪武十二年，春园中名花盛開，一時賓客比咸飲於中。御老先生聞張公添祐才思敏捷，出八個曲牌名限韵以難之，公吟成七言律一揮毫而詩成。衆咸服為才高八斗。八曲為：一宜春令、二小梁州、三黄鶯兒、四香柳娘、五三棒（棒字上聲）鼓、六一江風、七醉東風、八上小樓。

愛逐宜春令去遊。園林好景小梁州。黄鶯兒喚与朋。事。香柳娘（摩）舊日愁。三棒
鼓催花下。泛。一江風送歸舟。自。歸來乘醉東風。攬。笑拙銀壺上小樓。

中秋月

誰家寶鏡夜飛來，千古人談玉兔宮。雲歛眾形陰有讓，星收庠景光何隆。

又

一輪滿貯山川影，萬里盡消鬼魅蹤。丹桂無根誰攀折，前朝須認狀元紅。

與楊溥玩月

溥，洪武時閣老，與公爲莫逆交。

萬里同明長夜秋，一樣英沾洗討愁。廣寒雲氣聯奎璧，皓魄清光射斗牛。

又

影向樓台來漫漫，風隨絃管去悠悠。無端飄去銀河內，天上雲深不可留。

江上別楊溥憶之

登樓呼酒對名花，惜別樓前興未涯。濤落瀟湘天萬里，舟過楊柳月千家。

又

翩粉星夜洞庭過。却迷理花楚塞歌。夜半湘風吹夢醒。何堪回首憶蒹葭。

## 金陵夜興

## 又

旅鄉砧聲起暮愁。倏忽玉燦獨對樓。故山夜月隨人到。隔岸寒風逐紅流。
摇落秋聲傷遠别。凄凉幽夢入孤舟。天边何訪乘槎客。家對踪星任斗牛。

## 黃鶴樓

## 又

隔江鄂渚動高秋。黃鶴飛來不見樓。轉向白雲勤野望。翻從新塚識旧愁。

梅花調落晴川。外。石鏡丹懸楚仍。流（移）寄語芳年橫笛地。樓只鶴羽自夜歸。

## 琴月（寫）双情

## 又

琴在天中月在天。琴聲明明月娟娟。琴邊月出蟾宮外。月照琴彈流水前。
月要修琴琴磨月。琴師對月理琴絃。要知琴月双清趣。獨抱素琴月下眠。

曾公伏處 曾太守元末時，安貧樂道，不求聞達，伏處泉原。明洪武五年，徵為翰林。

不受塵埃半點侵。行藏隨分在山林。籬邊惟酌黃花酒。松下獨彈流水琴。

又

避世能承巢父志。臥龍常致孔明心。長安只恐人來訪。移到桃源萬壑尋。

賀杜公生子

千載重逢太運開。果符蘭夢產英才。（知）九苞彩鳳人間獻。半夜玉麟天上來。

又

皇國又（添）扶日手。儒林高築讀書台。天公知是青雲跡。吩咐嫦娥桂早栽。

與李時亮樊時中遊樊湖作　又

世事浮沉無所羈。閒亭冷落故人稀。逢君年老應談古。樂我時光好詠歸。莫道幽棲歌驪應。豈知賢隱樂漁磯。逍遙不管人間事。討盡煙霞看夕暉。

時靖亂兵起、建文失位、公致仕還鄉、已歷三年、因遊樊湖作此、以淡富貴意、

春遊　張必貴

春風堤畔柳條拂。春色依依草自芊。春夜窗來情不厭。春樓月下盡為仙。春花時獻主人意。春友共添豔子錢。春鳥忽來喚醉眠。春城料是杏花天。

舟中懷古　又

一羽飛塵載浪輕。樊山遠接夕陽明。江迴伍子蘆漪渡。石抱孫郎渚鄂城。回去身隨沙鳥泛。狂歌興逐白雲生。翻愁津畔逢漁父。鼓枻重來笑獨清。

寄四弟添祺詩　　張添祐

了却浮生休便休。浮生之外更何求。莫將一生百年計。自取三千世界愁。夢覺側衾無辟晝。興來以泛且遨遊。兒孫自有兒孫福。莫把兒孫作馬牛。

送姪張鑑　鑑係楚昭王儀賓，住武昌白澥山

風裡江帆一日程。滔滔漢水送離情。洞賓亭上話偏長。黃鶴磯頭生更清。

又

惟憶武昌樓上月。猶懷白澥波中聲。忙忙世了真難料。試看中流浪不平。

承詔赴京　又

匹馬蕭蕭上帝州。北風吹雪滿貂裘。棄官自許終逢主。抱璧何須晚封侯。夜月御杯燕市裡。春風載筆鳳池頭。相思南（梁）園綠。自有書帖（書）問旧遊。

元旦　沈一敬

金雞報曉漏聲傳。氣轉洪鈞又隔年。造物安排新歲月。乾坤整頓旧山川。禁中玉曆頒天下。门外桃符換戶前。翠羅屏蘇帶翠色。滿堂賓客賀春聯。

早春　杜鈞

青山頂上雲初消。一夜東風回九梢。萬物尽沾新雨露。百花都換旧枝條。

嬌鶯对〻語低喃，乳燕双双翅緩摇。看得幾般生意好。不知行過汾陽橋。

遊杭州　李時亮

曾聞此地最繁華。此日遊來興倍佳。昭無数帆隨秋水落。幾多舟泊夕陽斜。

青樓笑靄花如錦。銀甕傾來汝似霞。行〻人生處〻有。他鄉雖好不如家。

壽舉入粟應瑞　張啟宸

四月薰風解愠涼。盈杯不泛蘐嫩荷香。天边寅兹千秋節。庭下雲翻五色裳。

桂子養成黄甲蓋。宫花榮拼紫泥章。人生五十服官政。還慶褒封百歲長。

賀進士順境歸婚　張鵬

三春有約在紅梅。爭跨征鞍馬上回。人自廣寒宮裡過。香從桂子月中來。科名幸遇聯星斗。銀燭喜逢照鳳台。恰是禹門得意日。桃源仙女笑顏開。

賀張巡按晚生子　曾敬

蘭桂森森天下奇。靈椿猶自長新枝。從來老蚌生珠晚。豈是長庚入夢遲。標擬銀河光皎潔。精神秋色碧漣漪。玉皇案內家聲遠。仰看鴻毛入鳳池。

賀張桃新婚中舉　進士　張雍

吳山楚水路幾賒。喜結良緣又折花。合卺杯中浮蟻酌。玉欄杆畔鳳笆。乾坤配合兆三世。龍虎題名自一家。身入洞房花燭夜。寧從海上泛仙槎。

萬卷書樓弔李氏　張尚德

父死子忘不忍聞。哀聲震動五雷門。崩沙裂石柔腸斷。瀉海傾河淚眼昏。半世功名春夢過。生平學問遺經存。天公錯使陰陽劍。割斷人間骨肉恩。

思故鄉　公居武昌、日查卿寄公靈泉、特送武昌白詩、内有家山、頻想兄弟之、　張鍾靈

浩浩乾坤望眼賒。天涯有意漫吁嗟。栩栩身事驚春夢。拭目光陰看物華。未脫拳枝迎春色。天高白雁度晴霞。黃花也笑云卿窮。歲歲春風長在家。

寄知州沈貴　貴在雷州歸老之年，著有退田集行世　張本智

歸來衙門亦若何。退田一集堪磋磨。閒花野鳥皆心賞。鑿石流泉應自歌。

憶昔雷州連夜別，玉兮北郊任風波。精明酹附虬松上，千里遙情惟夢知。

獄中寄張鶚　　張璞

璞參宦官劉瑾，予杖，被害下獄，死于獄中。

福楚雲間萬里天，白蘋洲上草纍然。一江陽斷晴川路，十載睽違芳樹煙。報國休言妻子累，抗疏何惜功名全。皇都舜舜青書杳，惟有詩情托雁傳。

贈黎選　　張泌

或云黎狀元淳之孫，年十七弃外郎

風雅連宵竟未眠，座中黎子雪盈顛。一官久已閒彭澤，三絕當聞老鄭虔。小醉尚親藜杖下，新詩多在藕花前。蓬萊不識真清淺，猶傍先生看海田。

題節婦張氏　　拔貢　鄒振奇

孫身半世守空房。心似紅爐火鍊銅。口苦每嘗荼蘗味。家貧不識綺羅裳。
燈前白首曾勤績。雪裡寒梅只淡粧。一夜夢隨蝴蝶化。人間天上兩茫茫。

詠雁　　袁中郎

長鋏短折布只輪。筆勢蕭疎點（絕）塵。翦特豈能無別意。千行何事只書人。
青腰玉女霧前臁。大翮先生化後身。瀟水巴東從此去。漫將書健敲清新。

又　　明狀元　張懋修　江陵人　居正公子

一行行起埽青天。只在明汀遠月邊。孫點作隨如帶墨。對群中斷似殘箋。
鶯篆備典填新曲。鳳史煩為記太和。莫道如成云校鼓。江南洲渚有秦烟。

又

譚友夏　字元春　明解元

瘦畫娟娟半竹欹○分如斜眼欲如迎○千行寫就黃枯線○一字題成碧蘚碑○南浦歷風文破碎○西江披雨墨淋漓○斜簪漫引白汁去○譜出胡笳出塞詩○

又

蕭良友　字以占　汧陽人　明會元年十五　欽御若達之子

篆體畫月過瀟湘○蕭洒森疎綴幾行○禪家辨來知半滿○儒生記去識邊旁○回波引去双鉤掃○暮雨凄成急就章○鳳鳥不出河圖隱○年年編緑為誰忙○

張公祖堂

張添祐

前人積德後人親○五百年來風骨真○還是源流長一派○枝深奕葉根千春○

江山宦業年〻舊，楚水家聲世〻新。孝友堂中傳孝友，子孫祭祀莫辭貧。

贈沈如筠先生隱居

先生梅跡竹林鄉，云東云轉任往還。吟首新詩陶彥雅，酌杯美酒解愁顏。

又

烟霞洞裡神仙數，木石山中宰相閒。教子一經登仕路，青雲萬里不遮攔。

贈張隱士歸隱

公諫起岩元是，試第一，見紀綱不振，風俗衰，撫然歸隱，沈公作詩以贈之。

沈如筠

買個黃牛學種田，結間茅屋傍林泉。因思老去無多日，且到山中過幾年。

又

為吏為官俱是窮，饑討饑活總神仙。世間萬物皆增價，老來文章不值錢。

歸途日暮

公途中作，有去國懷居、無限感物之意，幽思悱惻，和平解紛，可與讀小雅。

日暮重回鄉邑遥。雲橫天末見歸橈。更尋野渡逢漁舍。為取殘霞入酒燒。
道在豈憂雨露僻。才微易向風塵進。心懷去國山川舊。楚於東流不自聊。

## 南樓中秋玩月

又

天風吹我上南樓。為報嫦娥詩舊遊。寶鏡螢光升玉匣。桂花叢影入金甌。
清含宇宙三千界。冷侵山河百二州。醉倚欄杆吹鐵笛。一聲驚破楚天秋。

## 月桂步韻

又

上界誰將此樹栽。廣寒高處占香來。根從天地分時種。花在山河影內開。
玉兔放丹依寶樹。青鸞啣子下瑤臺。不知砍盡吳剛斧。天上浮雲幾度回。

闈中詠月丹桂　張添祐

亭亭獨占廣寒香。大地山河雨露涼。天上有根難覓種。人間見影不聞香。

嫦娥臍舞秉花下。玉兔分陰歇樹旁。寄語吳剛休砍（才足目大）盡。一枝留待狀元郎。

應制詠新月　張鍾靈

誰家劈破此銀盤。獨步龍池問廣寒。大半墜沉滄海底。一邊掛在碧雲端。難尋大斧來修整。還待嫦娥另補完。但看來朝三五日。九州萬國任君看。

問月　又

停杯不飲問嫦娥。天上人間了若何。玉兔已經多少載。桂枝曾長幾千柯。

叩呈昨夜曾遊否，李白當年捉月麼。我約雲梯登天去，霓裳那得影婆娑。

黃鶴樓春眺　　張添祐

詩為建文出走作也，柔机飄忽，摹拟不住
渾淪不露，玉求待拟知

勃勃仙風在此樓，茫然一望大荒流。江山秀美開新眼，節届清和洗舊遊。煙火萬家春樹綠，瀟湘九派白雲浮。神京千里共憑眺，独对煙波江上愁。

寄四弟添祺　又

客踪寥穿撇孤雁，京國多士許借籌。半夜灯營千里外，十年心事五更聆。豈同國士歌長鋏，羞向王孫歎敝裘。何时歸來頻聚首，紫荊花下共偲偲。

花放酒醉　又

連日春晴花尽開。小园長笑踏青來。梔边不雜梔花面。竹裡偏宜竹葉杯。並語黃鸝休自得。双飛蛺蝶豈初猜。晚來月出仍得醉。最愛花影綠滿台。

## 秋飲黃花酒

明歲貢　董珍

秋風颯颯過重陽。萬國萬山尽改常。惟有黃花成淡品。更嘉綠蟻傲嚴霜。滿斟玉盞陪金色。淺酌雲罍味晚香。憶昔陶潛曾愛賞。至今猶自艳清光。

## 冬吟白雪詩

明拔貢　樊鑑

萬里绝無些點埃。詩人把筆費敲推。梅花迎雪盧仝句。柳絮因風道韞才。一夜青山齊皓首。滿天白玉尽塵埋。灞橋豪興何人動。一向歐公次第猜。

靈泉山冬夜　明舉人　張祥

天道元冥位朔方，山川萬壑寄風霜。色凋草木悲蕭索，氣錮乾坤貴蓄藏。松骨挺天堅耐冷，梅腮破雪猜飄香。文章且用方期朔，燈火茅齋夜正長。

春遊草[芳]草地　明進士　曹閏

淡淡輕風日暄妍，踏過前川與後川。遠眺青郊煙似織，近看綠草軟如綿。人生對景須尋[行]樂，舉目興懷殊自仙。堪笑少陵多健筆，不知題破幾春芊。

夏賞綠荷池　明教諭　潘縉　字性董

綠樹陰濃夏日長，凭欄閒玩芰荷香。花開錦繡紅如日，葉泛綠[水]盤綠似癸。

爰擬廉溪入洒落。喜逢太白詩悠揚。臨池倘有無窮味。散陣清風送夕陽。

呈沈休齋先生

吳廷舉

遠別休齋又十年。起居每問洞庭船。衷腸坦蕩平如水。門巷清虛靜似仙。老境一身諸福備。新詩萬首四方傳。重來却喜重相見。握手談心亦惘然。

弔沈休齋先生

鄒邦奇

秋風嫋嫋洞庭波。日暮塵途起此歌。湘浦文章悲賈誼。雲霄弟子泣田何。相門不識人誰似。南國重來了蓋磨。物遠靈輀嗟路隔。鄂城東望淚痕多。

時正德戊寅年八月哭休齋先生塵途無佳句也邦奇寓咸寧

## 上大總裁詹老先生

張添祐

先知先覺不等閑○民生民性兩相間○六經心學開天地○一代人材𨸏斗山○

盛世無偏昭鳳詔○相才有夢會龍顏○公門桃李花開日○春滿乾坤宇宙間○

## 賀李盛為督學使者

又

人間和氣正雍雍○天上風雲九五龍○千載幸逢真道學○兩京爭仰大儒宗○

道承木鐸宣天下○德備盛聲振辟雍○正值龍門春雨足○原分一滴到芙蓉○

## 賀曾泰典會試主考

又

四海人才渠廣溶○天生夫子作儒宗○馬經驥櫪方成驥○魚躍龍門將化龍○

共上春台歌白雪，均沾雨露注芙蓉。祈公珍重調元手，自有清風到九重。

贈歸客　家是狀元黃俊公子

花落飄蓬不自由，歸心日夜向東流。擬追鳳閣龍樓去，懶逐花街柳巷遊。

又

異地琴書捱歲月，故園松柏老春秋。人生作客江湖好，誰解江湖易白頭。

歸隱

紅塵不到靜中居，緑向青山伴我歸。栽一二枝棲鳳竹，養三四個化龍魚。

又

人來求卷拈拈筆，客去閉門寂寂詩。眼裡乾坤只如此，何須再戀帝王畿。

題舟早行　明太祖

忙着征衣快着鞭〇船横月掛柳梢边〇两三點露不是雨〇七八個星尚在天〇
茅店雞鳴人過雨〇竹籬犬吠客扰眠〇等闲擁出扶桑日〇社稷山河在眼前〇

## 思親

太常　鄒邦彦

痛失双親感慨深〇追思不及到于今〇碧窗月落有时夢〇黄壤雲迷無處尋〇
流終斜陽千古恨〇愁霑春雨百年心〇常將感處山頭望〇一片白雲在茂林〇

## 夢妻

舉人　張敏

空鎖羅帷日傷悲〇昨夜孤魂入夢來〇一旦花容門外棄〇百年冰骨土中埋〇
利刀忍截金絲帶〇香匣猶存白玉釵〇何事関心顔色棄（惜）残灯枕上人重諧〇

勉夫一律

閨秀　朱靈瑞

自古男兒志四方，功君何必淚痕傷。滿門朱紫文章貴，結髮夫妻歲月長。衾暖豈如桃浪暖，囊香怎似桂花香。鰲頭倘得青錢選，早寄音書慰故鄉。

寄惜花詩於妻

張璞

芳艷如故又換新，賞情不及惜情真。夢驚恨滿枝枝雨，酒醒愁隨片片春。亂影莫緣流水去，餘香怎洗故園貧。此情此意知誰共，只恐花殘傷却人。

回惜花詩於夫

朱玉淑

忍此惜花減却春，先生憂道不憂貧。玩風弄月賢良士，飲酒作詩散誕人。

好把碧書消俗慮，莫將花柳敗餘神。阮郎自有逢仙日，駿馬歸來看綠蘋。

### 官作

張璞

為官日夜苦推尋，象簡羅袍懶掛襟。陽府業首由我判，陰司禁內有誰親。（朱云：問尔怎的）
棄除宦業求仙品，捨却凡塵近佛身。寄語妻兒休問我，從今更莫望回音。（又云：莫説也罷了）

### 和夫張璞

朱玉淑

夫書一紙細推尋，讀罷呼奴淚滿襟。烈女豈能復改嫁，賢夫終不再求親。
君書學道求仙品，妾亦為尼捨色身。但願九天同聚首，白蓮台畔禮觀音。

前書戲之耳，此書亦戲之耳，以戲答戲，即盡乎此。張登評

張必卧自評云：到了觀音地位，便念阿彌陀佛。

觀世有感　　張玉嬋

龜為殼靈翠為毛。鹿為角張兎為毫。人生名利多招禍。馬快塵遙却受勞。美女色嬌多招辱。歌鸚聲巧被籠牢。看盡世間無好事。裝聾作啞最為高。

萬氏哭夫

一世功名四十亡。有才無壽最堪傷。夫妻鏡內鸞分影。兄弟羣中雁失行。三尺紅羅書姓字。一堆黃土蓋文章。夜來不敢高聲哭。只恐猿聞也斷腸。

詠漁　　明學士　楊榮

不願高封萬戶侯。一絲牽動海天秋。長長竹竿深深釣。短短簑衣小小舟。

盪起兩三支畫槳○驚飛四五個沙鷗○以漁沽酒江边飲○醉卧蘆花雪白秋○

詠樵　　又

不釣江湖不種畬○生涯山北與山西○榾村榾柮（音骨出　短木也）風隨起○長短茅柴縛不齊○
木擔濕敲黃葉雨○芒鞋穩步落花泥○砍回了罷归来晚○斧卸高低下石梯○

詠耕　　張添祐

懶把生涯了闲天○生涯不尽在良田○坵々緑以秧分種○瘦々黃牛慢着鞭○
幾度烟簑和濕背○一犂春雨帯泥穿○等闲耕罷归来晚○半掩柴门伴月眠○

詠塔上桃　　鄒彥魁

劉郎昨夜下天台。帶以仙桃塔上栽。老幹直冲天頂去。雲根不到地間來。
經秋雨一般茂。花遇春風次第開。獨倚芝山高處望。滿城雲錦自成堆。

## 激水把竿

明解元　王時化

誰把長竿激細流。一聲驚破海天秋。兩條玉箸分擲合。數顆珍珠洒復收。
紅蓼灘頭驚宿鷺。白蘋深處起眠鷗。誰知此處無魚釣。收拾絲綸別下鉤。

## 靈泉李氏書樓

祭酒　張輅

獨坐書齋萬卷香。笑談誰與共疎狂。素琴有興彈清調。閒日無聊作短章。
細雨紛紛潤墨瀋。輕煙淡淡飄青箱。風華料得無人識。一任君家作主張。

## 壽鄒太常六旬

太僕　張璞

綠髮酡顔甲子週。喜逢初度桂花秋。玉壺沁瀉玻璃盞。金菊花簪沙帽頭。
紅袖霓裳遶瓊宴。鳳笙龍管靄朱樓。射言鶴算齊方朔。王母蟠桃任爾偷。

## 靈泉吊古

明副使　沈鍾

清風颯颯萃此澗。鍾靈毓秀出公卿。王阿抗節投枯井。叔夜全忠死北城。
日落女墻秋鳥集。風生古木寒蟬鳴。於今想見南朝事。蕩蕩遠山不勝情。

## 癸未亂後登黃鶴樓

黃復遠

四海兵戈未曾寧。晴川黃鶴劫灰停。王歸於府人如馬。國作坵墟我似萍。

血灑乾坤留尽赤。塵蒙日月眼难青。蟬貂九葉慚無補。只把孤忠訴上冥。

黄公字良吉号善夫明末人清以廣東香山令徵三徵以病辭不起

金陵懷古　　又

金陵正氣久隨空。指點斜陽感慨中。九有無家歸太子。謂太子慈烺、定王慈炤與永王慈炯。殘生有淚血王風。六朝人物水雲異。千里江山今昔同。劍倚盱衡勞寤寐。凴君危涕辨雌雄。

又之琅邪謁曲阜與孔林拜夫子廟　黄復遠

殘山剩水絶交遊。不見瑯琳忠武侯。好擲赤松長別漢。惟憑青史說安劉。横天癘氣終須掃。滂海鯨波尚未休。弟子元觀周孔水。賦臣豈慎習春秋。

烏紗抛去明先志。素業傳來繼垂猷。二百四十年裡事。以今檢校定誅謀。

祝祖望伯兄五旬 諱欽名祖望係鍾昊之子　閑青　張昊 雲樵

秦廷咫尺有蓬萊。古桂新渠相映開。攀菊桃餘芝滿室。栽梅更識鳳常來。
詩成白雪歌難和。賦羅凌雲志未催。莫怪萊衣歌舞寂。瑤台到鳳雛才。

登黃鶴樓　施均

鸚鵡洲邊倚客舟。憲君邀我上高樓。胡床老子三更月。鐵笛仙人一曲秋。
流水白雲吳夏口。西風黃鶴晉砂[illegible]。如今盡屬王孫草。添得江南幾許愁。

又　鄒觀光

憑虛雕閣聳巍々。南紀滔々四望開。烟樹亂添愁日月。山河環擁護樓台。只餘詞客名千古。恍憶仙人戲九垓。惆悵總知成幻跡。登臨聊為一啣杯。

又

鄒廸光

憑臨橋首大荒浮。萬里蒼梧接漢邱。夜氣半啣三楚闊。天風長帶九疑愁。虛聞仙子乘鶴去。侭有靈均鼓瑟遊。最是晴川湮水湄。片帆漢々下揚州。

黃鶴樓題壁

沈周

昔聞崔灝題詩處。今日始登黃鶴樓。黃鶴已隨人去遠。楚江依旧水東流。照人惟有古今月。極目只餘天地秋。借問呂翁舊時笛。不知吹破幾番愁。

# 九日思歸

李磎

去歲瀟湘重九時。滿城風雨客思歸。故鄉此日還佳節。黃菊今朝更晚輝。短髮無多休落帽。長風不斷且吹衣。開懷滿歐清樽酒。莫數一身老翠微。

# 感懷

陳元善

一身冷暖自知處。多在哭啼不敢中。健鳳思風甘棲息。饑鷹刷羽恥樓籠。沉叉流浪今何在。阮籍踈狂哭易窮。莫道天公還有意。從來榮辱到頭空。

# 過朱仙鎮懷古

宋岳飛字鵬舉謚武穆
嘗屯兵于朱仙鎮

湖者

李夢陽 空峒
茶陵人

水廟紗飛白日陰。古墩殘樹濁河深。金牌痛哭班師地。鐵駕馳驅報主心。

入夜松杉双鷺宿，有時風雨一龍吟。種行墨跡還詞賦，南北淒涼自古今。

## 昭寢懷古

曹文藻 綺川
清乾隆甲午舉人

兩山排列自青青，寢廟依（淒）然俎豆馨。故物龜砆盡石髮，於今樵牧到荒亭。
王孫獨剩春風綠，杜宇空間古木腥。只有高峯終不改，乳泉猶似舊時靈。

## 泉港寺晚題

寺在靈泉山北去涼馬坊數百步

## 又

高齋獨喜傍名溪，長夏清風滿袖攜。檢部依然分甲乙，書銘何必定東西。
月亂樹村穿盃鏡，橋卧波心蕩彩霓。自是吾儒尋樂處，漁翁晚唱過新隄。

# 靈泉雜詠

## 觀〔宜〕春侯南征凱旋 五律

忠武侯 楊基 孟載

瘴地收蠻後，烟江擢槳迴。旌旂皆繡虎，鼓角半吹螺。
聖化方無外，民心詎有訛。馬循歸路熟，人比去歲多。
喜氣浮三峽，軍聲動九河。遙知雙闕下，齊進太平歌。

## 答沈少崗 古風十五韻三十句

張添祐

相去數十里，一別動經年。汎悶老無加，信因貧所牽。
霜雪染鬚鬢，兒女願未全。不寐惟耿耿，大率病同然。

与時豐禾稔。枕盛開池蓮。不知獨樂都。曾詠懷人篇。
諸子能供職。即謂散也賢。兄弟稱難再。友恭慰九泉。
世路坐荊棘。怪走雨鄙偏。吁嗟旧親友。良星多一天。
老景與何似。母喬孟玉傳。性拙難酬世。分爲自甘田。
若如物知我。人事渾茫前。滿腔不如意。不繡寫鴻箋。
安得江帆挽。定買武陵船。

靈泉玉書

張添祺

滄海日。峨嵋雪。赤城霞。南樓月。彭澤烟。瀟湘雨。洞庭

波○廣陵濤○廬山瀑布○少陵詩○摩詰畫○左傳文○馬遷史○
薛濤箋○右軍帖帖○南華經○相如賦○屈子離騷○

黃鶴樓漫興　三十六句十八韵

侍郎　張呂本

呂本乃洪武辛亥舉人、癸丑進士、官礼部左侍郎、以末郎正域、何好遂截字名、楚藩与張氏子孫爲件、竟削除之、

武昌城上有黃鶴○樓○鶴樓之下有長流○惟有青山不改舊○時廢烟雨鎖樓約○
聞道仙子費文禕○布衣學道傲王侯○又聞辛氏曾賣酒○橘橘乘鶴真奇叟○
風塵不染煙霞客○那管烟波江上愁○我思古人不得見○踏遍青山無處求○
殘碑斷碣埋芳極○數竿綠竹也青幽幽○攜壺沽酒尋古蹟○閒消半亭倦醉眠○

風帆遠引雲水內。帶得瀟湘一片秋。把酒臨風發浩嘆。古今豪傑幾人留。獨上丹梯世境外。胸如天闊眼如舟。直把江漢作湖海。千溪萬派任沉浮。登高作賦懷往事。臨水吟詩樂朋儔。無限好境觀不盡。倏爾風光賞未休。南國多才擅英述。東楚鴻文勝瀛洲。古今崔顥題詩處。應以青蓮擱筆憂。五湖四海同瀟洒。三湘七澤共遨遊。滿懷感慨何處寄。一任白雲送悠悠。

秋江雁字　張添祐

聲斷衡陽跡數千。不沾泥兮不沾天。摩空杳杳報書傳。淡筆悠悠紀大年。競渡文河帶紫色。摩飛銀浪踏蒼煙。孤身常作青雲客。兩翼渾同白鷺仙。

漫綴清流點墨痕○描碧落一行箋○渺茫吊盡英皇魄○楚澤招來屈宋賢○形跡化為奇制作○波光蕩出巧新篇○祧徊極目秋江上○惹得詩人續萬聯○

## 隔江聞鐘

張必貴

萬籟無聲絕跡痕○驀然敲斷禪關門○韻同短笛橫滄浪○音似長楊叩暮昏○驚破幾多富貴夢○撞開一切利名魂○汪洋澎湃風於送○廣大清心氣助紀○波波傳神幻境渾○悠悠遺韻寄思清○依稀鸚鵡波中湧○彷彿瀟湘煙上奔○

## 山居懷思

張尚德

豈是虞廷擊玉磬○莫非銅露滴壺盂○如來天際鳴深夜○隱隱疎鐘遠外沉○

為厭紅塵愛寂寥。茂林修竹近漁樵。經年蹤跡絕車馬。終日和風長藥苗。流水遶門魚出沒。青山當戶鳥歌謠。雖無玉帶並金佩。惟有詩筒伴比鄰。廊廟不如貧賤樂。煙霞常鎖才名消。搜求野史情思永。嚼盡菜根滋味饒。浩蕩天懷活潑潑。徜徉泉石意陶陶。訪余只在茅簷第。好向青山路一條。

春園棋調

張祥

春晝長、幸遇此韶光。盈宇宙、融和氣象。藻底拋魚尺、枝頭弄鶯簧。閬苑內、百事芬芳。倒惹蒼蝶亂蜂忙。胡戲鞦韆過粉墻。解語難禁口、巧笑還拍掌。尋歸路、共倒壺觴。那管多情惱斷腸。噫、縱狂徉。怎及洞房一局、不知柯爛分夕陽。

夏

夏日炎、漢表奇峯遠。睹園林、葵榴作展。高柳咽新蟬、
華屋飛孔蓋。曲欄外、瀑布泉。對南薰、强奏虞絃。向雪
檻、携哨仙姬赴玳筵。漫勞蛮綫唱、且把華筒勸。泛已酣、
便就湘簟。接見羲皇夢方穩。呀、雖消遣。怎似睹野終朝、忘却秦
房臨城郭。

秋

秋景涼、白露將橫江。喜丹桂、晴淺天香。澗山笛吹鳴、門巷砧敲响。彩雲收、冰輪堆上。吐清輝、細波蕩漾。列綺席、兩行珠翠同玩賞。舞影滿台階、歌声繞畫梁。更閑嗽、渡河女郎、寅夜偷個鳳求凰。呵、垤歸帳。勿慈揚算入神、通國稱善有名揚。

冬

冬景好、萬物幾告了。只听得、朔風怒號。半只殘葉墮、枯木寒鴉噪。霎時間、六花飄謝。突皓首、五岳粉粧。愛嬌娥、圍着銅炉添炭燒。瓊卮滿醪醁、寶鼎實羊膏。開懷抱、劇飲達宵。何妨漏盡雞三叫。呼、枉叱喝。豈知博弈爲賢。莫負孔門當年教。

## 消閒清吏

張添祺

三徑竹間自放迷。回野客之良辰。一偏窗下風雨瀟瀟。亦幽人之抒景。鄙吝一消，白雲自可聆賞。渣滓盡化，明月自來照人。坐沉紅燈，心宜不有遐思。看遍青山，經熱腸不貯冷意。

## 迴文詩

上下長短及疊復讀之均數首

張祥

鶯。啼織柳。弄春晴。曉月明。香。蓮碧水。愛風涼。夏日長。秋江楚雁。宿汀洲。

淺紅流。紅。爐黑炭。積寒冬。遇雪風。

京師署中自判

不投門前賓客。已收案上書文。獨坐紫薇花下。宛如故里閒居。於如必何稱病。請節奚容去官。善下乞誰不許。如愚來處皆然。

## 紫藤園四季賞景調

張祥

### 春 浪淘沙

美景靜無塵。錦繡銀屏。嵌嵯小徑賞春亭。翠草和烟雛燕舞。舉目皆春。樓外响車輪。檀板輕声。揚鞭遊手馬穿雲。縱有游絲飛百尺。難繫春心。

夏

荷開池滿將涼知。文鴛戲晴川。雲空色霽幽閒、蟬光影透簾。拾晩翠、漏聲殘。東風倦倚欄。消閑聊起片時歡。黃昏人未眠。

秋

彩雲散盡淨丹楓。木落萬山空。萬、戶砧敲千峯月。秋景畫難工。冰輪皎潔端然掛。皓魄淡溶溶。屏間雲漢漠。

芬芳丹桂、玩月且逍家。

冬

雪花飄。滿空飛舞盡瓊瑤。虛中透徹光輝皎。陽春白

雪、聆逸調、音超、不負豐年佳兆。康屋無煙、雪封鳥道。

那爐頭頓把杯傾高、寒威動峭。換羔醪、卸卻重貂。侍

觴炙肉、大開懷抱。逍家歌娛、樂盡與物。頻吟聯、此花

對雪情偏好。

# 集録靈泉八達家堂樓亭閣扁額對聯

山水　灵泉寺

遠山　灵泉寺

蒼翠　鄉貢祠

空谷　灵泉寺

趣　鄉貢祠

山不在高　鄉貢祠

水不在深　鄉貢祠

奇觀　張添祐題

黛墨　曹問題

含春　董礼題

闇聲　沈如望題

趣　鄭璧題

高　樊時亮題

深　樊時中題

青山雲流　含山樓　張[illegible]叟題

山澗明月　灵泉寺　杜坊題

樓雲留月　琴[illegible]樓　張祥題

百里迴嵐　望遠樓　沈春題

諸山來朝　含山樓　張添祐題

大觀在上　含山樓　張恒題

雲鎖兩肩　春露亭　張識題

平亭煙雨　秋風亭　沈啟南題

好（好）水宜月　曾氏别業　徐添祐題

江夏名家　張氏門　曾泰題

將相世業　樊氏堂　李瞻題

萬卷書樓　瑞芝堂　李騏題

斗山文河　沈公堂　徐添祐題

青山無價　董氏堂　沈宗閔題

松韻清籟　聽松閣　李元善贈

南苑太史　邹氏堂　張進忠題

與點也　李樂齋　張識題

當代人龍　鄭氏堂　徐恂題瞻

小蓬萊　卧雲亭　張識題

淵才鼎閥　張氏堂　劉仰廣題

供清玩　蓮花池内有小草亭　張識題

閑閒處　僧如曉題

樊氏堂聯 英題

有玩山樂
無塵世想

青山為好友 鄧光璣门
綠水作良朋

閒潤久無青鎖夢 董禮堂
看山鄉與白雲親

繞戶一溪綠水 張添祐门
臨门萬仞青山

寺門 李定遠題

山朝北斗千千載
水繞南湖萬萬年

俗士任他過去 沈友筍门
野雲自我招來

石上揮殘雨 臨湘亭 李景望題
波间醉白雲

許多好景南豐筆 潘大门
無數青山東野詩

靈泉寺 李鄺題

千岩競秀曠懷遠
萬壑爭流法眼寬

絕絕清泉應白日 大佛殿
奇奇綠樹靄蒼烟 張郁題

有情白月常來室 鄧璧门
無價青山恆在门 吳昂亭修乃岳題

寂寞空山何堪久居
多情花鳥不肯放人

松竹清幽何必封侯 日樊氏中壺

雲山瀟洒應還處士家

沈氏齋

皓首窮經史想寸陰堪惜

衛門表素心雖百世可知

沈書房

烟裊橫峰雲靄玉皇香案

天空鑑水清流太乙文河

風送高柯只在此間塵世 靈泉寺

雲迎峻嶺常來這裡遨遊

贈御史張尚德 黄金

心鏡澄波映徹四湖秋月 水

才鋒凌斗高凝碧漢晴霞

賀進士張郁 王庚

玉樹輝階龍種丞外台輔

靈枝啟胄鳳毛世掌經綸

賀張通拔貢 孫熙贈

虎觀談經坐擁花磚紅日

鸞坡視草遙分太乙青藜

賀張敏中舉 張季恪

鼓振木鐸風動三春杏苑

文開金匱浪飛千尺桃花

鄉賢祠 李時亮

瑤草琪花堪飲沁天然逸致

清泉白石可吟詩絕代風流

賀進士張烈 何炘

仰卜金甌繼傳家之相業

先登玉署賁華國之文章

樊時亮堂聯

修竹蒼蒼頻帶烟雲搖鳳尾

古松鬱鬱久經霜雪老龍鱗

鄧氏齋

綠帳青氈木鐸鼓中扶士氣

烏紗白髮碧桃花裡醉春風

賀張友諒拔貢　樊鑑

南北三場次第奪金標之秀
春秋兩榜淋漓酣翰墨之香

賀進士張輅　楊繼本

身到鳳凰池何難一言取相
早調鹽梅鼎更衍三足經邦

賀舉人張才　董珍

斗牛呈光寶劍探來占太史
馬蹄得意金鸞宴罷過長安

賀張添祐陞吏部　沈道中

環海具瞻名光岳百年間氣
熙朝碩輔作當代第一人流

賀張孔中舉赴京　張廷璞

此日秋天已見放開双鶴去
來年春色須知獨占一鰲頭

賀張鍾靈發解　張本治

琢月仙才袖惹桂香飄月殿
凌雲佳句筆翻花氣上雲頭

大佛殿　張郁

石壁巍峨快睹高松天半壁
金爐燦爛欣瞻瑞色月重輪

賀張楦中舉　張廷謨

桂赤槐黃秋水龍门与得意
桃红杏紫春風雁塔早題名

賀張桃登第　張廷瓚

祖祖孫孫九發甲仙山望族
兄兄弟弟三登科世澤名家

萬雲歸壑許多曲折其神獨遠　灵泉寺门
衆水赴溪無數潆洄所見最幽　王道宗題

賀刑部員外張雲鵬　沈寶

宦味自儒自仙何必減蘭台藜閣
民情指象指意咸無用玉律金科

贈御史張璞　湯泓

冠萊公中書借司鎖鑰作一方保障
韓范老子弁富甲兵為萬里長城

賀舉人張祥 李瑋

佳節報東閣夜月達南宮之夢

科恩催錫晏春風開上苑之花

杜宗梅樓

畫圖半壁懸雲裡一首好詩也

秘趣幾村山行中數篇淺墨綫

賀舉人張孔

春意滿瀛洲靄靄宮雲邀翰墨

晴光開帝里翻翻御柳報芳菲

賀張添祐及第 曾泰

馬蹄春暖杏泥香群羨龍門第一

鯨海雨晴桃浪漲爭誇國士無双

寺門

山疊疊而來綿遠幽深不盡烟霞之趣

水悠悠而往迴環映帶常留泉石之風

張添祐堂聯

何以答酒滌酹致一寸赤心忠同葵藿

庶幾無疾病笑看滿陛金綠春入柳條

## 寺門

張賓王

遠望似龍蟠鳳舞方知仙地非凡地

大觀乎水秀山明始識人間有洞天

## 張公堂聯

第一等學術第一等事業父子祖孫濟美

幾千年田產幾千年堂構山川門戶俱長

## 大佛殿

張尚德

一派松聲鳴寶殿幽如明月川前使我徘徊不已

四圍峰色擁靈泉雅似山陰道上令人應接不暇

青山無數但聞飛響流泉不禁移情物化

綠樹多枝殊覺參煙翠色悠然雅致如神

靈泉寺　少曉題

江夏王道宗題寺門

深山窮窕水流花發淺天機未許野人問渡

遠樹蒼涼雲起鶴翔含妙理惟僧騷客搜奇

曾泰題寺門

靈谷鐘靈自古文臣武將之人目睹行雲流水而會心自遠

名山毓秀正與騷客仙子之侶眼觀翠柏蒼松而樂境無窮

聽松閣 鄧邦彥

瀟灑千層窮谷之巔真覽西山爽氣撲人眉宇

盤桓百尺虬松之下惟饒本地風光恰我襟懷

題白雲阿 杜宗晦

層層疊疊增奇觀海島千尋閬苑萬回彷彿似之

嶽嶽巖巖壯勝概武陵九曲湘江百折庶幾類是

松鬱鬱雲漠漠龍吟虎嘯風神何限此遊七澤五陵地

張芸叟題寺門

山悠悠水洋洋花落鳥啼幽趣無窮應在十洲三島間

靜參河圖天地有情容我老

張添祐題僧室

閒談世事江山無語笑人忙